再贵也有人买

松户明美 著

宋菲娅 译

我的手作
品牌经营初体验

中国纺织出版社有限公司

前言

为什么现在的手艺人一定要有品牌意识呢？

澳大利亚没有星巴克！

你知道吗？美国大型咖啡连锁店星巴克，是在世界各地景点都能找得到的人气咖啡店，在日本也非常受欢迎。

不过，在澳大利亚，星巴克却在2014年将直营业务卖给当地企业之后，退出了市场。

难道是因为澳大利亚的咖啡店不受欢迎吗？事实并非如此。

据统计，澳大利亚的咖啡店有94.4%都是私人经营的独立小店，店铺数量5年间增长了26%。

要想在竞争激烈的小店中脱颖而出，光靠提供美味的咖啡是没有胜算的。必须要想方设法与其他咖啡店拉开差距，做出自己的特色：或是独特的经营理念，或是独到的坚持，或是新颖的服务，总之，必须提供原创性的特有价值。

在这样的环境中，有一家叫Campos的畅销咖啡店，打出了"高价收购世界各地咖啡豆"的口号。

因为，他们认为除了收购高品质的咖啡豆，"对咖啡豆的生产者予以公正合理的费用"也是相当重要的。将这种想法传达给前来的顾客，引起了顾客的共鸣，即使店内一杯咖啡的价格比其他店更贵，也浇灭不了在下雨天都会来排长队的顾客的热情。

这样的故事，绝不仅局限于澳大利亚的咖啡店。

近年来，日本的手工制品越来越受欢迎。随着专业手工网络销售平台的出现，手工制品销售的门槛变低了。在这种环境下，过去购买手工制品的顾客，有些也逐渐成为手作家，开始获得收益。

在手工制品还不够普及的时代，光是"纯手工制作"这几个字就能让物品价值不菲。但是如今的情况又是怎样的呢？

环顾四周，可以发现很多人都在做手工。作品有原创性、吸引人且使用安全已经是必要条件了，而能把作品拍出漂亮的照片、充分利用社交平台进行宣传也渐渐变得不再稀奇，所以只靠这些就想获得顾客的青睐，变得难上加难了。

但在这样的大环境中，仍然有些手艺人，能让顾客由衷地说出："再贵我也要买！""无论等多久我也都想买！"他们到底具备什么样的特征呢？

这本书是写给已经具有一定手工作品销售经验的手艺人，对于想要扩大知名度，获得更多粉丝，成为热销手艺人的你，最需要的正是"品牌创立"。

成为一名具有品牌力的手艺人，让顾客觉得，即使贵，也要买你的作品！

松户明美

目录

手工制作
访谈

听听手艺人怎么说

手工制作

序章

为什么要创立品牌

❶ 本书中的 LOGO 指品牌特色的标志，不一定是已注册的商标。——译者注

建立你的"品牌形象"

手工制作

章节
2

再贵也有人买！
商品构成与定价方法

7

手工制作

章节

3

如何吸引粉丝，
留住回头客

手工制作

章节

4

手艺人的成功意识
和活动推广

手工制作

章节

5

解答手艺人的苦恼

手 工 制 作

访 谈

听听手艺人怎么说

在萌生出想要打造自己的手工创意品牌这个念头后，你是否也想听听一些"过来人"的经验之谈呢？

本篇采访了12位从事手工活动多年、在手工这条路上努力奋斗、持续发热的新生代手艺人（其中8位是中国的手艺人），来听听他们都是如何把喜欢的事变成职业，让自己的创作散发持久光芒的！

以INS为开端。
目前大热的滴胶饰品，
用声音和晃动营造出与众不同的风格。

cocotte

尾山花菜子

我在 INS（Instagram）上第一次被"UV 滴胶"这种材质所吸引，便爱上了制作滴胶饰品。随后，我开始逐渐把作品发布在 INS 上，在那之后我经常收到想要购买的留言，于是才开始在专业的手工网络销售平台 minne 上进行出售。

从小就热爱手工，并且曾考虑要以此为职业的我，也经历过即使将作品卖出一半，获得的利润也只够材料费的困窘时期，因此深刻体会到这一行的不易。那时的我这样想：如果只是作为兴趣爱好，能够弥补一部分材料费，就已经很不错了。但后来却偶然间听到委托销售作品的店铺店长提到"有的手艺人光靠卖作品每月就有 20 万日元❶以上的收入"，这才下定决心要努力将手工从兴趣转变成全职工作。

让我从众多做 UV 滴胶饰品的手艺人中脱颖而出的，是我不断创新，始终坚持原创的精神。我的作品最大的特点是具有可玩性，比如晃动作品时，里面的珠子发出"沙沙"的响声，或是让原本仅作为装饰的施华洛世奇水晶可以摆动，我一直在思考研究，如何让作品具有不同于以往的视觉效果，能让人一拿起来就舍不得放下。

另外，为了提高作品的曝光率，我坚持每天都用心打理、更新社交平台。现在我在 INS 上的粉丝有 5 万多人，油管（YouTube）上的粉丝接近 6 万人。由于越来越多的人看到并喜欢我的作品，我开通了自己的个人网站，基于这样的粉丝基础，很多作品一上架就被售空，我也成了小有名气的手艺人。

包装也要可爱！

---

❶ 本书中所有日元金额均以当日汇率为准。

2017 年 5 月，《梦幻可爱的滴胶饰品》（国内已于 2019 年引进，引进版书名为《超详细的滴胶入门教科书》）顺利出版。我终于实现了将从小就向往的手艺人当成全职工作的梦想，未来的目标是希望带领其他同样有志于此的人们向着成为全职手艺人的梦想前进。

⌂ **品牌信息**

（ 品牌名称 ） cocotte

（ 创意理念 ） 粉色系亮晶晶、让你每天都有好心情的饰品

（ 类　别 ） 饰品占七成（项链、手链等）
文创杂货、小物占三成（粉饼盒、圆珠笔等）

（ 活动场所 ） 设计节、创意市集等活动
委托实体店或网店销售
不定期个人网店销售

（ 销售目标 ） 月销售额 40 万日元

（ 入行时间 ） 9 年

（ 经　历 ）　2013 年 7 月　开始在 minne 上销售
2013 年 12 月　在 Handmade Marche 手工市集开展首次销售
2016 年 8 月　担任手工坊讲师
2016 年 8 月　举办 cocotte 个人展览
2017 年 5 月　出版著作《梦幻可爱的滴胶饰品》
2019 年 6 月　出版著作《梦幻可爱的树脂黏土饰品》
2021 年 3 月　出版著作《cocotte 亮晶晶的树脂世界》

（ 运用的社交平台 ） 油管、INS、脸书

（ 在手作活动中最重视的三点 ）

1. 不做与别人相同的事，追求创新
2. 热爱自己的作品
3. 乐在其中

让人印象深刻得忍不住再看一眼，
风格和名字都十分独特的刺绣胸针。

中岛刺绣
Nakashima Tomomi

　　我的作品中最让人印象深刻的应该就是飞机头和摔跤手系列，这些胸针可爱中又带着一点点奇怪，让人脑海中不禁发出"怎么会这样？"的惊叹，忍不住想要再多看一眼。我从高中时期的手工课开始喜欢上刺绣，此后便一发不可收拾。之所以现在的作品有着鲜明的品牌形象，统统来源于一个念头——我想做出以往手工刺绣中没有出现过的题材！我那些奇奇怪怪的创作灵感也源自生活，比方说，看到家中存放的珠子，因为光线变化而改变色泽，脑海中浮现的是非洲人的小卷发。后来我购买了一大批与"暴走族"有关的杂志，进行大范围地了解调研，设计出"暴走族前辈和他的朋友们"系列，一上市就热卖，成为爆款。

　　此外，我在和朋友的聊天中，对摔跤这个职业产生了浓厚的兴趣，在油管上找到摔跤选手以往的比赛视频彻夜不眠地观看，还成为摔跤手的粉丝，而摔跤手系列胸针就这样应运而生了。我一旦喜欢或沉迷上什么事物，就想用自己擅长的刺绣把它表现出来。

　　我所坚持的，是让作品能够传达出手工制作的感觉。以前我喜欢用纤细的刺绣线进行精巧地刺绣，导致我的作品曾被误认为是缝纫机制作出来的。于是我开始改用粗线，大胆地绣出粗犷的线条，珠子也尽量进行不规则地缝合，目的就是要做出明显手工痕迹的感觉。我现在正进行新作品的调试，"刻意"营造出"无意"的感觉才是最难的，所以哪怕是一个作品往往也要花费几个月的时间进行细节的修正。

　　由于我是上班族，每天能花在手工上的时间只有两三个小时，这样的时间对我来说尤为珍贵。到了节假日，我经常一整天都沉浸在刺绣中。

用针线表现出的作品，有时会出现意想不到的线迹和形状，而这正是刺绣的有趣之处。在参加展会的时候，时常有佩戴着我做的胸针的顾客前来观展，也有顾客表示想要按照杂志上刊登的图纸尝试进行刺绣，每当遇到这样的情形，我就感受到了极大的鼓舞，也激发出我无限的创作热情。

名片和胶带也要够潮

品牌信息

（ 品牌名称 ）中岛刺绣

（ 创意理念 ）携幽默前行

（ 类 别 ）刺绣胸针、托特包

（ 活动场所 ）minne、Village Vanguard 网店
　　　　　　 设计节等活动
　　　　　　 委托百货商场销售

（ 销售目标 ）活动或委托销售的金额达到参展作品定价总金额的一半

（ 入行时间 ）9 年

（ 经 历 ）2014 年 8 月　开始在 minne 上销售
　　　　　　2014 年 12 月　获得 minne 最佳创意奖
　　　　　　2015 年 2 月　在设计节中首次举办个人展览
　　　　　　2015 年 7 月　在"日本手作节"中参展
　　　　　　2015 年 7 月　接受《装苑》9 月期专访
　　　　　　2016 年 2 月　在"SESSE Contemporary 刺绣展"阪急梅田本店参展

（ 运用的社交平台 ）推特、INS

（ 在手作活动中最重视的三点 ）
1. 创作独一无二、幽默夸张的作品
2. 不断修正错误，直到自己满意为止
3. 眼睛容易疲劳，要注意休息

改造长辈传下来的和服。
顾客感动的眼泪和对和服的深爱
是我创作的源动力。

彩姬（Kimono Style Interior AYAHIME）

长谷川敦子

本来，我没打算成为一名手艺人。因为要照顾父亲，才开始考虑能在家里做的工作，经营网店就成了首选。那时，有个朋友知道我喜欢和服，就将去世的母亲留下的和服转赠给我，为了表示感谢，我用和服布料做成相框和纸巾盒，又回赠给对方。没想到对方一收到便喜极而泣，此后，我便萌生了"将这些被遗忘在角落的、充满回忆的和服放到更容易让人感受到的地方"这样的想法。

为了扩大知名度，我曾自己制作、派发宣传单，同时坚持每天更新脸书。

要想将古布的花纹达到最大限度地利用，往往要考虑配色、花型，里布的选择也要协调美观，因此，就算只做一个作品，往往也要耗费大量的时间和精力。有时销量跟付出不成正比，让我倍感受挫。即使这样，当顾客表达出作品受到了全家人的喜爱时，油然而生的幸福感成为我继续坚持的动力。

在日本，每个家庭都有些充满回忆的和服，可惜很多都被束之高阁，没有被利用起来。据说和服的寿命约有100年，我真心希望大家可以把这些珍贵稀少的绝版古布装饰在生活中，怀抱着这样强烈的信念，我现在除了经营网店，还积极参加各种日式主题的展会，在百货商场和古民家❶艺廊开办工作坊。目前，我还在中国、法国、马来西亚等国家积极开展国际交流活动，希望在未来能将日本的和服文化推广到全世界。

用和服古布制
成的相框

❶ 为日本代表性的一种住宅。——译者注

（ 品牌名称 ） 彩姬（Kimono Style Interior AYAHIME）

（ 创意理念 ） 将和服融入室内设计，打造五彩生活

（ 类　别 ） 改造顾客的和服、腰带，将古董和服、古布改造成法式布盒、桐箱（即
以泡桐木材制作的盒子）

（ 活动场所 ） BASE 网店

（ 销售目标 ） 月销售额 50 万日元

（ 入行时间 ） 8 年

（ 在手作活动中最重视的三点 ）
1. 重视顾客的需求，只要顾客提出，就接受挑战，不为自己设限
2. 快乐手工，快乐销售
3. 保持健康

手工制作

访谈

04

无论是谁都能选到自己喜爱颜色的饰品，强项是对色彩丰富选择的坚持！

七彩洋品店

Sakata Nahoko

　　我从小就非常喜欢黏着从事服装定制工作的祖母，经常去祖母工作的地方玩耍。由于对祖母工作环境和工作状态十分憧憬，所以当时就隐约有了自己长大后也想做类似工作的念头。后来，为了疗愈自己因入职考试失利带来的挫败感，我开始创作饰品，并创立了自己的品牌。

现在的我一边从事本职工作一边经营七彩洋品店，主要的销售渠道是饰品店或商场的快闪店，偶尔也会参加艺廊的艺术作品展或举办个展等。

七彩洋品店的特点正如其名，是"色彩"，初衷是为那些因选不到自己喜欢颜色的饰品而产生"失落感"的顾客提供丰富的色彩选择。在展会活动或快闪店中，还提供了在别处买不到的限量色和限量款式，比如展会特供的不对称耳环，让购买者有"独一无二"的感觉。

为了了解顾客的喜好，我经常与饰品店的店员沟通，收集信息。这种做法也得到顾客的良好反馈："你不管什么时候都在进步，真的很厉害啊！"

我目前的梦想，同时也是鼓舞自己创立品牌的祖母的心愿，是完成一部自传。希望能够通过饰品，讲述自己敬爱又崇拜的祖母的故事。

品牌信息

(品牌名称) 七彩洋品店

(创意理念) 日常用品随身佩戴，非日常用品也要闪亮吸睛

(类　别) 项链、耳环、胸针等饰品

(活动场所) 委托店铺销售

(销售目标) 月销售额 30 万日元以上

(入行时间) 七彩洋品店开业第 8 年

(在手作活动中最重视的三点)

1. 创作中时刻换位思考，将顾客的需求摆在第一位
2. 保持对信息的敏锐度，随时准备接受新点子，每天都要努力学习
3. 无论何时都不会忘记自己身为挑战者的心情

努力做出有温度
并让人愿意一直珍藏的
羊毛毡作品。

YINYUE

殷越

作品名：象的怯懦

　　我是在2009年接触到羊毛毡的，当时偶然在网上看到一篇国外艺术家及其作品的相关报道，就被这温暖的材质吸引，开始寻找资料自学技法。

　　羊毛毡这种材质在制作上入门是比较容易的，材质也让人很有亲和力，但如果想做出好的作品，最重要的是耐心，拥有足够的耐心，基本就等于成功了一半。在做复杂些的作品时，需要有一定的造型基础（美术功底），就原创作品而言，想象力也是不可或缺的。

　　我从事相关创作12年，最开始并没有目标明确地把它当作职业，单纯地出于爱好。所以前面一两年都在探索材质、尝试风格。之后随着作品越做越多，每完成一件作品就放到社交平台上，得到很好的反响，还收到了杂志约稿，慢慢开始有一定的受众积累，越来越多的人希望学习这个技法，于是就开始了线下课程教学，在这段时间里，有了收入的同时，也结交了很多志同道合的朋友。作品在售卖方面尝试过淘宝、微信等平台，在几次尝试后放弃，原因是羊毛手工制品制作周期长，可复制度低，一年可完成的作品数量非常有限，刚上传到网上就售罄，随后会超负荷地接到大量同款订单，重复制作过程对自我创造力是很大的消耗。如何平衡订单与新创作成为困扰。已有的受欢迎的作品形象是保证收入的基础，但创作最重要的价值不在于已经做出来的东西，往前走、不断有新的东西才是支持创作者的根本。停止网售后，我开始与手作艺术品买手店合作，完成的作品放在线下店售卖，并会开设个人作品展览，展览的好处是可以面对面地感受作品，而不是通过网络照片，这让数量有限的作品能被更多的人看到，从而打造整体的个人品牌形象。

　　作品风格在多做尝试后选择自己最喜欢的，开始创作时，可以将它们系列化，这样可以强化品牌形象，增加记忆点。另外，作品不是做的越复杂越难就好，只要找到适合自己的风格，哪怕它的造型或是技法很简单，一样也会有很多人喜欢。

　　保持作品的自我风格很重要，在创作上不要刻意讨好受众，比如发现流行哪些款就跟风做，殊不知，受众的口味永远在变化，长时间这样容易迷失自己。要坚定做自己的风格，在技法上精益求精，只要做得足够好，不管哪一种风格都会有相应的受众。在有一定的受众积攒后，哪怕风格上有所调整，也不用害怕受众的流失，你会发现大家的接受度比自己想象得更广，无论作者还是受众都愿意看到新的东西，展示作品的过程也是作者和受众一起交流的过程。这样的创作探索可以不断增加作品的深度和受众的包容度，不断地打破大家对于手作的想象，既没有距离，又可以表达更充沛多元的内容。

　　面对自己的作品，我会严格要求每个细节都要竭尽所能，我给作品配了个人专属的挂牌以及作品证明书，为的是加强个人品牌概念，每只包装也是自己手工印制，以达到和作品风格一致的感受，让最终拥有作品的人觉得它是有温度的并愿意一直珍藏。

品牌信息

（ 品牌名称 ） YINYUE

（ 创意理念 ） 羊毛纤维手作艺术品

（ 类　别 ） 羊毛毡课程、个人作品

（ 活动场所 ） 展览、手作艺术品买手店

（ 个人主页 ） 【新浪微博】殷越_YinYue
　　　　　　　【INS】yinyue_duzii

（ 入行时间 ） 13 年

（ 经　历 ）
2009 年　开始羊毛纤维作品创作
2014 年　创办个人工作室——LOTS OF LOCKS 好多毛工坊
2015 年　出版书籍《肉嘟子的温暖毛毡》
2016 年　在日本东京代官山举办"指尖的造物"羊毛与蘑菇纤维艺术个人作品展
2018 年　在北京待入荷举办殷越羊毛纤维个人作品展
2019 年　参加 ZENA 展览举办"弹跳森林——奇幻森林人形季"合展
2019 年　在北京待入荷举办"white·白"殷越纤维作品展

（ 运用的社交平台 ） 微博、微信、INS

（ 在手作活动中最重视的三点 ）
1. 极尽所能地挑战自己的可能性创作新的作品
2. 每件作品在细节上都付出全力
3. 希望生活与工作可以兼顾好，做一个快乐美好的人

一针一线一双手，
以"饥饿营销"打造出独有的刺绣销售。

Panda's Embroidery
潘哒

起初，我并未打算以刺绣作为职业来发展。

早年间，我在手工艺论坛接触到了一些新颖的刺绣工艺，惊叹的同时，也在心里深深埋下了手工艺的种子。

2012年，我偶然结识了一位苏绣作者。赞赏之余，猛然想起，我也是出生于湘绣之乡的人。但是，湘绣总体给人以鲜艳富贵之感，这让大部分年轻人对此远而望之。我抱着"能否对湘绣进行改良"的心情，开始进行系统地学习与深入探究。两三年后，我尝试着销售了"团樱""垂枝樱"与"雪花手帕"这三款刺绣材料套件。

我是一个自我意识特别强的人。既然决定要把"艳丽"这个元素从我创作的作品中剔除，那就必须做到。万幸，这三件作品得到了很多人的喜爱，定制成品的客人也络绎不绝。

但是，困扰也随之而来了。长时间制作同一件作品，是极度让人疲惫的，更没有多余的时间去创作。所以，为了让自己不被作品"拖累"，我果断地停售了这三件作品。

然而，后来我食言了，再版了这三件作品，被质疑是"故意吊人胃口的饥饿营销"。随后，我便去学习了该理念。了解之后，我便在它的定义上进行了属于我自己的"改进"。

创作出来的作品也好，课程也罢，因为明白自己的审美厌倦点在哪里，抑或受制于材料购买的特殊性，我确实会有意调低产量。但是这样的"供不应求"并不是假象。就算某天材料变得方便订购，抑或是客人的需求量增加，也不能去改变产品"少量供应"的特性。

这种做法，反而能维护好产品和个人的形象，口碑会更佳。每批新产品出售，更能好好地调动客人的购买欲。

手工艺品，经常不被外行人理解其价值。那么在当下，如何找准自己的市场定位，并寻求可持续发展，变成了不容易的事情。如果仅仅因为A某的风格在市场上大受追捧，就去效仿，然后以低廉的售价来获取客户，这种做法是万万行不通的，既伤人又损己。

想要获得客户的认可，需要有"品牌特征"，即辨识度。如可以只用某几种针法来创作，也可以每件作品添加米珠或亮片，抑或以某个特定的动物形象来制作一系列作品……长此以往，会给人一种"固态印象"。

我的作品配色清雅，对细节也非常注重，故逐渐形成了自己的特色。

找准风格定位后，在产品的包装设计上也需要花费更多巧思。比如，契合创作主题的外包装盒、优质的材料与教程、贴心的卡片和恰到好处的个人社交平台的宣传，都是缺一不可的。

"像收到礼物一样的心情"与"这世界上就只有我拥有这件作品"，顾客们欣喜的反馈也是我前进的动力。而不断创作新的作品，也能和顾客建立起长期稳定的良好关系。这样，刺绣事业才能长久坚持下去。

品牌信息

（ 品牌名称 ）	Panda's Embroidery
（ 创意理念 ）	素雅精致的刺绣私人定制
（ 类　别 ）	刺绣成品、刺绣 DIY 套件、刺绣课程
（ 活动场所 ）	淘宝、手工教室聘请、咖啡馆 / 花店联名活动、上海国际手造博览会等
（ 个人主页 ）	【新浪微博】PandasEmbroidery
（ 入行时间 ）	10 年（从开始授课计算）
（ 经　历 ）	2016 年　荣获 DMC 270 周年手工大赛 亚太区小组赛二等奖 2019 年　被聘为 DMC 中国首位刺绣设计师
（ 运用的社交平台 ）	微博、微信、INS

（ 在手作活动中最重视的三点 ）

1. 与客户像朋友一般交流
2. 制作用微距镜头也不容易找到瑕疵的作品
3. 就算不能时时进步，也不能退步

**用"时间"打磨每一件作品，
小小的热缩片发簪也能成为
独一无二的艺术品。**

POR SIEMPRE
Porsiempre

读大学的时候，网购刚开始风靡，我可以算是从那时开始"创业"的。我在 2013 年时创建了自己的淘宝店，当时主营正统日本和服，有全新的也有中古的。

如果接触过和服或汉服，应该知道穿着这些传统服装时通常会搭配一些饰品。以和服为例，一般情况下日本人穿和服时会佩戴发簪，除此之外，在他们出席比较重要的场合腰带上要有一小块"带留"作为腰带装饰。我的兴趣爱好从最开始的收藏和出售和服开始逐渐转变为出售这些和服的装饰品。

在 2014 年的时候，偶然间在网上看到日本著名发簪设计师荣 sakae 的造花液作品，当时内心感受到极大的震撼。从那时起，我便自己尝试制作发簪及和服小物，也在同一时期，开始正式地接触热缩片手工制作，从此便一发不可收。

从我做出第一个热缩片发簪已经过去 8 年了。通过这 8 年的时间，从一开始在淘宝出售简单的作品，到后来做私人定制饰品，再到现在可以完成难度较大的原创作品并在发布后即刻售罄，在这个过程中我的技艺逐渐精湛，也积累了不少经验。

在经营方面，如果说要给新人一些建议，我觉得手工饰品还是离不开手艺。换句话讲，当你的手艺精进了，当你的作品能被更多人认可了，自然而然可以有非常好的销量。

谈到手艺的培养与提升，就不仅是纯手工制作方面了，审美也非常重要。审美是一个比较抽象的概念，可以通过多看一些美术类相关的艺术作品，从中学习到一些构造、配色方面的知识；多去接触自然，从自然界的动植物中汲取一些设计灵感。在有一定审美意识的基础上，不断地磨炼提升自己的动手能力。

　　很多人想知道如何才能像我这样可以信手拈来制作自己想做的东西，我的回答永远都是"时间"。你要给自己足够的时间，做到足够的专注。一件热缩片的成品，要经历最初的设计、手绘轮廓、剪裁与染色、加热塑形、再次染

色、再次塑形、手工绕线组装、初步定型及二次定型确定最终效果等多个步骤。所以我认为热缩片饰品不仅仅是一件饰品，当制作者把自己的精力完全专注于一件热缩片饰品的时候，它也可以成为一件艺术品。不夸张地说，我经常把自己关在工作室里，一个人做十几个小时的手工，不受外界打扰。很多朋友都觉得我是天生的手艺人，但其实我也是通过7年时间慢慢地沉淀和积累，才能得到越来越多喜爱热缩片饰品的朋友的认可。

品牌信息

（ 品牌名称 ） POR SIEMPRE

（ 创意理念 ） 来源于自然的灵感

（ 类　别 ） 纯手工发簪、配饰等

（ 活动场所 ） 水黛蓝工作室

（ 销售目标 ） 能满足大家的需求就好

（ 个人主页 ） 【新浪微博】porsiempre1990

（ 入行时间 ） 8年

（ 运用的社交平台 ） 微博

（ 在手作活动中最重视的三点 ）
1. 原创性
2. 独特性
3. 趣味性

营造有细节的"毛绒球小动物"材料包，
简单的作品也可以让人念念不忘。

口罩熊手工
熊老师

口罩熊手工

7年前，手作还没有成为我的全职工作，在那个时候，我对于手作还没有十分的信心。虽然已经有了几年的羊毛毡创作经验，但是只是当作自己的爱好，如果真的作为自己的职业，那么如何开始，如何能在同行业脱颖而出，如何能将这件事情做得长久，都是我需要斟酌的问题。

那时候无意间在INS上了解到了"毛绒球小动物"这个可爱的手工艺。毛绒球作品和羊毛毡作品外表看起来有些相似，主要材料是羊毛线，只需要配合缠线器和戳针就能完成一件作品。相对于同样大小的羊毛毡作品来说，毛绒球作品的制作时长是前者的一半，并且作品看起来更加灵动。

于是我开始自己研究技法，并且在微信上经营起了私人宠物定制的小生意。经营初期，我无论是在材料还是时间上都是不计成本的，每一件作品必须完美呈现，哪怕重复制作也要保证自己和客人100%满意才可以。在经历了很长一段时间的摸索后，我的定制作品获得了越来越多人的关注，品牌形象也逐渐形成。

我觉得对于一个手艺人最重要的是如何让别人一下子记住自己的作品。首先要做的是形成作品的统一风格，比如每个作品惯用的针法、小动物和人物的一个特殊表情，甚至是一个有趣的白眼。在这些特点的基础上不断创新，慢慢地就会形成自己的风格。这样的作品也会增加客人的认同感，当看到一个作品的局部时就会马上辨识出，哦！这是某人的作品。

要保有对待每一个作品100%认真的态度。我的许多作品形象从最初的草图到最后成品的完成，每一步都经历过无数次的修改，直到自己满意为止，即便是一个小小的胸针都需要注入感情的创作而不是机械地复制，这样才会打动跟自己有所共鸣的受众。在我的观念里，其实真正的艺术作品并不完全是"高高在上"和

"遥不可及"的，在生活中我们也不难发现那些设计很简单但却让人过目不忘的物品。手工作品其实也一样，那些看起来很简单，但却让人感觉温暖治愈的作品往往最能打动人心。

"我的作品很受欢迎，但是成品的产量确实有限，我可以把它做成手工材料包让大家跟我一起玩吗？"成品生意开展半年左右，我萌生了这样的想法。于是我挑选一些比较简单的动物形象开始拍摄教程，制作毛绒球动物的手工材料包。这是一份非常烦琐的工作，每一类材料包的制作都需要丰富的内容和清晰的图片，每一份耗材都要求分装细致，标注分明。外包装也需要精美的设计并且达到我国的产品包装标准。材料包的售卖拉近了我和客人之间的距离，简单又可爱的款式也非常受欢迎。对于我来说，把自己的部分作品转化为材料包的形式销售，无疑是一个既可以减轻工作量又可以创收的好方法。

成为一名"手艺人"或许并不是一件难事。这个过程需要一些勇气和信心，也会有些辛苦，但是在创作过程中内心的自由感和看到自己一件件作品完成后满满的成就感，确实是我在自己过往的工作经历中从未感受到的。手作让我重新认识了自己，也给我的生活带来更多色彩。

⌂ 品牌信息

（ 品牌名称 ） 口罩熊手工

（ 创意理念 ） 有温度的治愈系手工作品

（ 类 别 ） 成品售卖、材料包售卖、手工工具材料售卖、现场及网络授课

（ 活动场所 ） 实体店铺、淘宝、大型手工展会

（ 个人主页 ） 【新浪微博】口罩熊手工

（ 入行时间 ） 7年

（ 经 历 ） 2016年　成立手工品牌
　　　　　　 2017年　手工工作室开业
　　　　　　 2018年　申请注册商标
　　　　　　 2019年　实体店铺正式营业

（ 运用的社交平台 ） 微信、微博

（ 在手作活动中最重视的 ）

1. 坚持自我，做自己的风格
2. 认真对待每一次创作，细节决定成败
2. 多运动，保护颈椎

加深品牌设计的印象，
化身一眼就能被认出的"活体"LOGO。

自然人工作室
孙萌

　　我是自然人工作室的女主人孙萌，每次被问到怎么和长得这么相像的先生老邬认识的，就会尴尬笑着说："我俩其实是网友。"

　　以绘画为契机，我们在网上认识了有17年之久，老邬是读油画专业的，毕业后依旧以绘画作为职业；我则在14年前开始接触手作。作为一个普通青年，自己一直以来都没动过以此为职业的念头，偶然的机会，陪老邬去见豆瓣的画友，被科普了职业化的手作生活后，便开始销售自己的作品和开授手工课。

　　自己算是国内接触手鞠较早的手艺人，大概2015年前后，经过朋友的介绍陆续参加市集、开手工课、办展览，还翻译了手工书，认识了越来越多有才华的朋友，工作室也自然而然就这样成立了。

　　一直以来，我和老邬相似的夫妻脸总会成为朋友们口中的话题，两个人也经常一起工作、出席相同的活动（如参加市集、合作教学或一起做自媒体等）。我们之间有种默契，两个人都不喜欢太刻意为之的事情，于是将工作室名称定为"自然人"，意为"自然而然地做着自己喜欢的事情的两个人"。一个轻松的品牌需要匹配同样气质的LOGO，从我们最令人印象深刻的特点出发，我画了一幅面对面的我和他，因为是夫妻的关系，所以外轮廓连起来其实是有点俗气的心形，这让大家能够从品牌LOGO中一眼认出我们。

　　特别的"人设"让大家对我们的品牌加深印象，也让我们自己觉得是一件有趣的事情，我们会时而发一些让人脸盲的合影，去朋友的工作室定制了两人的面部模型，想看看彼此到底有多相似，甚至有朋友以我们的LOGO为蓝本缝制了一模一样的公仔。所以，除了常规创作和经营外，将两个人的特点进行延伸也成了强化品牌印象的好方法。

我和老邬都是比较偏内向的人，不擅长做长线的营销规划，所以在宣传方面比较被动。但其实记录好自己工作的每一步，让大家看到自己在做什么，对我们而言这比强势的广告更容易让人接受。比如，我们曾试着在社交平台上发了一组得体的课程照片，发出之后陆续收到了机构和个人的咨询。

如果你像我们一样不善言辞，那么在合作机构或朋友发出活动邀请时，请把握适合自己的机会，积极回应；同样地，在发现适合其他手艺人朋友的好机会时也不要吝啬，大方地介绍大家认识。

你会发现，在互动中可以结识到更多有才华的朋友，拓宽自己的视野，形成一个可持续的良性循环体系。

品牌信息

（品牌名称）	自然人工作室
（创意理念）	以令人印象深刻的个人特点进行发散延伸，令品牌形象稳稳扎根
（类别）	手鞠成品、手鞠教学等
（活动场所）	美术馆商店寄售商品、手工教室聘请授课等
（个人主页）	【新浪微博】自然人工作室 【微信公众号】自然人工作室
（入行时间）	7年（从开始授课计算）
（经历）	2015年 成立自然人工作室 2016年 接受"二更视频"专访 2016年 在广州参加"缠绕的祝福"手鞠联展 2016年 在北京参加"变·幻"手鞠联展（策展） 2017年 在广州参加"圆·梦"手鞠联展 2017年 在深圳参加"梧桐岛"手鞠联展 2018年 在高雄参加"几何宇宙"手鞠联展
（运用的社交平台）	微博、微信、INS

机器无法替代的传统编织，
不同材质灵感相撞迸发的独特魅力。

二仰造物

仰仰

TwoYang's Handmade

作为一名在中国潮汕地区长大的女孩，从儿时起就能接触到钩花，加上妈妈曾经是当地小有名气的钩花女工，我从小就与毛线打交道。看到妈妈用一根线和一把钩针就能编织出所有她能想象到的花样，我小小的脑袋里浮现出大大的感叹号。

上大学后，一次偶然的机会接触到钩针玩偶圈，才知道原来可以用钩针制作立体的玩偶，于是疯狂地迷恋上钩娃娃，这也开启了我的创作之路。非常幸运，我的作品得到了大家的认可。但是时间长了以后，千篇一律的钩针质感让我产生了审美疲劳，而钩织物的厚重感成为我作品创作最大的阻碍，于是我开始了各种不同的尝试，在钩针的基础上融入了相对柔软的棒针技法，以及更加轻薄的布艺技法。为了让细节更加饱满，甚至开始自学皮艺，将皮艺的技法也融入进去。就这样，第一只小熊"Jo"诞生了，让我意想不到的是，小熊"Jo"不仅获得了粉丝们的喜爱，而且收到了许多手工圈以外网友的赞许。当所有努力得到别人肯定的时候，也让我更加清楚地认识到：每一件好的手工作品，都必须倾注手艺人的所有心血。

我最初的理念就是想让"编织"不仅仅是"编织"，可以让不同的材质产生不同的"碰撞"。这也就是为什么我将品牌命名为"二仰造物"而不是"二仰编织"的原因。

在我看来，要保持一个品牌的活力，需要的是不断地创新。让别人有想象不到的惊喜，觉得编织也可以这样"玩"，所以每一次在创作新作品的过程中，我也会不断地尝试和挑战各种新鲜有趣的玩法，并分享给大家。这让我觉得手工编织这件事拥有无限的可能。

妈妈说："现在没有人愿意拿起钩针了，辛苦之余赚得还不多，比起做

手工，大家更愿意把时间花在制作千篇一律的工业品上。"尽管手工作品比不上机械制作的高效率，尽管每一件成型的手工作品，背后都是数以百计的试验失败品，但只要我们的顾客能够稍微理解这一件件作品背后的巧妙构思，那就值得我们认认真真去做这一切。而对于手艺人来说，用双手一针一线地勾勒，仿佛能为作品注入更多生命力，从这个过程中获得的满足感是工业商品无法替代的，这也是手工艺品独特的魅力所在。

品牌信息

(品牌名称) 二仰造物

(创意理念) 一针一线，造出无限可能

(类　别) 钩针玩偶

(活动场所) 淘宝店铺、Etsy

(个人主页/店铺) 【新浪微博】二仰造物
　　　　　　　　【小红书】二仰造物
　　　　　　　　【淘宝店铺】二仰造物

(入行时间) 7 年

(运用的社交平台) 微博、微信、小红书、INS、脸书

(在手作活动中最重视的三点)

1. 永远以初学者的心态去思考和学习
2. 做好每一个细节，求质不求量
3. 希望顾客在我这里能感受到爱与美好

以具有特性的创作传达手作的趣味，
打造中国本土"潮玩"。

Watota
王拖沓

我从2015年开始接触手工，使用的材质比较丰富，毛毡、黏土、布料、扭棒、陶瓷等，因为我对不同的材质所展现的不同质感拥有极大的兴趣与热情，也非常享受如同做实验一般结合不同材质去创作的过程，所以未来还是会尝试更多材质搭配的可能性。

一开始做手工纯粹是兴趣使然，后来慢慢开始在个人社交平台上展示作品并积累经验，长期的作品分享意外地收获了一些鼓励和喜爱的反馈，也让我有了一些受众的积累。在拥有受众基础后，销售和线上、线下课程的教学也自然得以开展。

当然这些都要基于持久地创作积累上。

在创作里，品牌形象特性是很重要的，无论是最早比较盲目地"玩"，还是慢慢地有了自己想要创作的方向，以自己所热爱的元素为创作灵感，这一出发点始终没有改变，这也是使得我的诸多作品在拥有特性时又不缺乏共性的关键因素。

但同样地，形成风格特性也需要一个漫长的摸索和积累的过程，手工这条路不仅没有捷径，而且相当曲折缓慢，这十分考验耐心，因此，如果只是抱着想赚钱的心态是很难走下去的。

探究心和创作的热情无疑是支持作者走下去的原始动力。

2019年起，我开始涉猎潮玩（潮流玩具）方向的品牌创立，成立了以浆果娃娃为中心的森系潮玩品牌——浆果森林（Berry Forest），手工玩具与潮流玩具的定位结合使得手工制品的价值更为凸显，潮玩受众的集中也加速了作品分享与传播的速度，使得作品在较短的时间内得到较大的曝光量。

执着于角色的创作模式，也更容易给玩家们留下深刻的印象，不过在创

作上必须坚持持续地探索和创新，这也是激发受众购买欲的重要因素，这样整个品牌才能良性地成长起来。

无论是常规的销售、授课，抑或是品牌运营，支撑着它们成长的根基始终是作品本身的品质，因此我认为最有效的营销就是维持并不断精进作品品质，把匠心刻在每一个作品上，所以没有比好好做创作更为关键的事情了。

🏠 品牌信息

（ 品牌名称 ） Watota

（ 创意理念 ） 以具有特性的创作传达手作的趣味性

（ 类　别 ） 手工陶瓷潮流玩具、线上及线下课程

（ 活动场所 ） 展会、线上销售

（ 销售目标 ） 让自己拥有更多的放空时间

（ 个人主页 ）【新浪微博】王拖沓

（ 入行时间 ） 7 年

（ 经　历 ） 2019 年　创立潮玩品牌浆果森林（BerryForest）
　　　　　　 2019 年　参加上海好奇柜展
　　　　　　 2019 年　在北京墨念工作室举办个人展览"宅种森林"
　　　　　　 2019 年　参加上海 SSF 展会

（ 运用的社交平台 ） 微博、微信、INS

（ 在手作活动中最重视的三点 ）

1. 永不停止地探索
2. 敢于幻想
3. 专注于作品

开一家小小的手工店，
努力在理想与现实中找到平衡点。

长草
ZZ

我从未设想会把手工当成职业，如今的一切都是水到渠成。

2010年，我因为帮摄影师朋友制作拍摄道具而受到众多鼓励，于是开启了一边上班一边在淘宝兼职销售手工制品的不归路。这期间我经历了很长一段无以为生的艰难时期，却从来没想过放弃。如今12年过去了，单打独斗的家庭作坊式网店已成长为和自己的小团队一起奋斗的实体门店，一切都发生了翻天覆地的变化，唯一不变的是一直坚持对手作的热爱。

我一直觉得自己是个幸运儿，从未接受过任何艺术相关的教育及培训，也拿不出漂亮的个人从业履历，作为一名小透明，手作的道路太过一帆风顺。在起初的很长一段时间里，因为手工制品独一无二和出品慢的特殊性，我从未为销量问题担心过，通常一上架就会被抢购一空，就连线下集市也会有粉丝专门蹲点，我在布展的同时带去的作品也售罄了。但其实，累死累活也满足不了市场的需求，这是一个无法迈出去的死循环。后来我想到，授人以鱼不如授人以渔，于是开始了销售手工材料包和线下教学的另一条路。

因为多年的工作便利，我频繁大量地与北欧文化亲密接触，看到了很多北欧当地的手工艺，最终我选择了专注于刺绣，我的出品风格也深受北欧风格的影响，开发出童趣与创意并存的刺绣材料包。2015年，我遇到了工作的瓶颈期，在痛苦的纠结过后下定决心辞职，尝试着能在手作这件事上找到更多的成就感和满足感。2017年，随着订单数量的不断攀升，家庭作坊的模式已无法满足销售需求，于是，我注册了品牌并租下一家店面，并在第二年开始摸索着组建自己的小团队。

一件事情开始得太过顺利，考验就一定在后面，该走的弯路终归还是要走的，要想在北京高昂的店租和雇佣人工的成本下生存，让我

不得不作出一些妥协，毕竟已经不是"一人吃饱，全家不饿"的境况，让人"抢破头"的限量版和进口材料的高昂价格，在残酷的市场竞争中，店铺很容易支撑不下去而面临"倒闭"，但这并不意味着实体店没有生存空间，我开始寻找更好的货源，重新调整工作流程，充分利用社交平台来增强客户黏性，让产品有延续性，尽可能地压低运营成本……每一个改变都是艰难的心理斗争和学习的过程。在理想与现实的不断碰撞中，请谨记自己的初心，时刻调整心态，想要的就去努力，该放弃的不要留恋，理想和现实之间一定存在平衡点。

品牌信息

（ 品牌名称 ） 长草

（ 创意理念 ） 专注创意刺绣

（ 类　别 ） 融合多种技法的刺绣材料包、线下教学

（ 活动场所 ） 淘宝店铺、实体店铺、市集活动

（ 个人主页/店铺 ）【新浪微博】兔子张 ZZ
　　　　　　　　　【淘宝店铺】长草的店

（ 在手作活动中最重视的三点 ）

1. 敏锐的嗅觉
2. 不断地学习
3. 真诚地分享

为什么要
创立品牌

世界上有很多可爱的、精美的东西，有的卖得好，有的卖得不好，其中的"差异"在哪儿呢？

本章内容围绕为了做出这种"差异"而必不可少的品牌创立展开。

从品牌为何物开始，到品牌创立不可或缺的"品牌形象"如何建立，所有必须了解的知识，都采用鲜活的实例进行说明。

请开始创立自己的品牌吧！

课题
01 | 什么是品牌？

让我先问一个问题。

以下你觉得是"品牌"的有哪些?

爱马仕

优衣库

大间鲔鱼

嘎哩嘎哩君

接下来我想问，你判断它们是品牌的依据是什么呢?

提到品牌，我想很多人会想到高价的东西或是在日常生活中不是很感兴趣、不常接触的东西。但是，品牌的价值并不是只由价格决定。我所举出的这四个例子，在我的定义中都是"品牌"。

下面让我来说一下理由。据说"品牌"（brand）这个词来源于古挪威文字"brandr"，是"烙印"的意思，是西方游牧部落用于区分自己家和别人家的财产（家畜）而留下的烙印。

也就是说，它起源于为了留下"这是属于我的东西"的印记，以便与别的东西区分。

此外，如果在互联网上搜索"什么是品牌"，应该可以找到"为了与其他同类产品或服务区分"或"具备区别于其他产品的特征"这样的说明。

而我自己对品牌的定义十分简单，就是具备"品牌形象"的物品。所谓"品牌形象"，就是指看到这些物品的人会对其抱有一致的印象认知，可以马上想到某些特征或优势。

比如爱马仕，以其悠久的历史和高级感著称。而提到优衣库，大家会自然想到里面的衣服价格合理，又兼具实用性和功能性，优衣库的自发热（HEATTECH）内衣广为人知，成为同类商品的代名词。

听到居酒屋老板说"今天有大间鲔鱼提供"，人们都会抱有"一定很美味"的期待。而提到嘎哩嘎哩君，大家就会知道是便宜又好吃的冰激凌，也会立刻联想到那个极具特色的吉祥物，还有"嘎~哩嘎哩君♪"那首独特的广告歌。

我所列举的这四个品牌，各自具备了爱马仕风格、嘎哩嘎哩君风格等"品牌形象"，它们的特征及优势是让所有顾客都对它们持有相同的印象。

因此，所谓的"创立品牌"，就是意味着将你的"品牌形象"以正确易懂的方式传达出去。

课题

O2 | 人气品牌的三要素是什么?

　　我想将品牌创立的方法用通俗易懂的方式传达给大众,于是对品牌企业开展了调查。为了便于大家理解,我就用身边熟悉的品牌"嘎哩嘎哩君"为例进行介绍。

　　嘎哩嘎哩君的官网上刊登着嘎哩嘎哩君诞生的故事,短小的故事很自然地被人们记在脑海中。

　　看了他们如何诞生的故事后,我对这家名为赤城乳业的公司产生了兴趣,于是点击了公司简介的网页,而这家公司传达"玩乐之心"的品牌理念一瞬间就俘获了我的心。

　　他们公司的简介页面,竟然是一根被咬了一口的冰棒的形状!不仅如此,介绍公司概况的文章的遣词造句是任何人都能轻易读懂的,赤城乳业将他们重视的"玩乐之心",在冰棒里表现得淋漓尽致。

赤城乳业公司简介

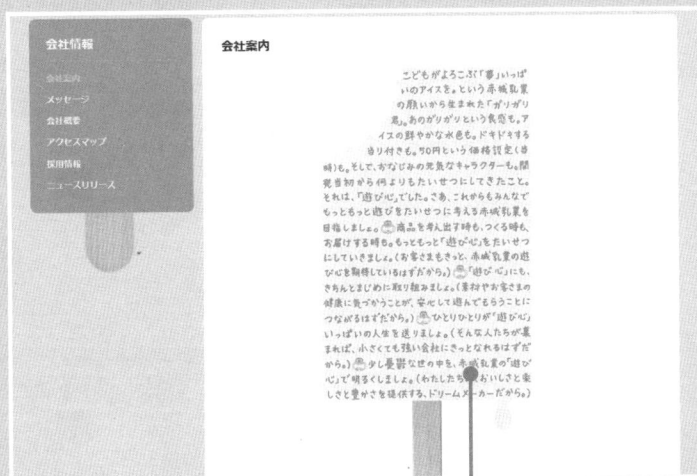

会社案内

こどもがよろこぶ「夢」いっぱいのアイスを。という赤城乳業の願いから生まれた「ガリガリ君」。ありがリガリという食感も、アイスの鮮やかな水色も、ドキドキする当り付きも、50円という価格設定も（当時）。そして、おなじみの元気なキャラクターも。開発当初から何よりもたいせつにしてきたこと。それは、「遊び心」でした。さあ、これからもみんなでもっともっと遊びをたいせつに考える赤城乳業を目指しましょう。商品を考え出す時も、つくる時も、お届けする時も。もっともっと「遊び心」をたいせつにしていきましょう。（お客さまもきっと、赤城乳業の遊び心を期待しているはずだから。）「遊び心」にも、きちんとまじめに取り組みましょう。（果物やお客さまの健康に気づかうことが、安心して遊んでもらうことにつながるはずだから。）ひとりひとりが「遊び心」いっぱいの人生を送りましょう。（そんな大人たちが集まれば、小さくても強い会社にきっとなれるはずだから。）少し憂鬱なこの世を、赤城乳業の「遊び心」で明るくしましょう。（わたしたちは、おいしさと楽しさと豊かさを提供する、ドリームメーカーだから。）

嘎哩嘎哩君的诞生,源于赤城乳业公司想要做出各种让小朋友开心的"梦想"冰激凌的心愿。无论是它咬起来"嘎哩嘎哩"的口感、包装鲜艳的蓝色、令人心脏怦怦跳的抽奖活动,还是在当时只有 50 日元的定价,当然还包括那个大家非常熟悉的吉祥物形象。从开发初期到现在,有一件事我们看得比什么都重要的,那就是"玩乐之心"。赤城乳业公司今后的目标就是继续让大家珍视"玩"这件事。不管是新商品的开发、制作,还是销售都是如此。让我们在"玩乐之心"的理念之上,认真严谨地投入每一道生产工序(我们慎选配料,为顾客的健康着想,把每一个环节都做好,让顾客放心地玩)。让我们每个人都拥有一个充满"玩乐之心"的人生。让赤城乳业公司用"玩乐之心"将这个有点忧郁的世界变得开朗吧(因为我们是提供美味、快乐与富足的梦想制造家)!

"嘎哩嘎哩君"诞生的故事

1964年に発売した「赤城しぐれ」が
爆発的なヒットを記録したのをきっかけに
1960年に「子供が遊びながら片手で食べられる
かき氷（赤城しぐれ）が、出来ないか？」
という思いで商品開発をスタート。
開発当初は、様々なトラブルも発生しましたが、
かき氷をアイスキャンディーでコーティングすることで
溶けにくく、棒が抜けない、今のかたちになったのでした。

あそびましょ。AKAGI

桜財情報｜プライバシーポリシー｜ご利用にあたって｜サイトマップ

商品一覧　CMギャラリー　工場見学　安心安全　売り/キャンペーン　よくある質問　会社情報

会社情報
会社案内
メッセージ
会社概要
アクセスマップ
採用情報
ニュースリリース

会社案内

こどもがよろこぶ「夢」いっぱいのアイスを。という赤城乳業の願いから生まれた「ガリガリ君」。あのガリガリという食感も、アイスの鮮やかな水色も、ドキドキする当り付きも、50円という価格設定（当時）も、そして、なじみの元気なキャラクターも、開発当初から何よりもたいせつにしてきたこと。それは、「遊び心」でした。この春、これからもみんなにもっともっと遊びたいせつに考える赤城乳業を目指しましょ。商品を考え出す時も、つくる時も、お届けする時も。もっともっと「遊び心」をたいせつ

我被这篇文章中所传达的公司理念所打动。

它表述得非常浅显易懂，所以我也时常在讲座时把它当作例子与大家分享。

细看他们公司的 LOGO，上方写着日语"一起来玩吧"，而赤城乳业所看重的对产品生产的态度也凝聚在这句话中。

然而，赤城乳业在遭遇"雷曼事件❶"时，也和其他企业一样，

❶ 2008 年，美国第四大投资银行雷曼兄弟由于投资失利，在谈判收购失败后宣布申请破产保护，引发全球金融海啸。

把资金和重心放在长销的老产品销售上，而非耗费资金的新产品开发上。那个时候，听说赤城乳业的顾客和零售店的采购商纷纷表示："赤城乳业最近没有玩乐之心了！""不愿尝试挑战！""我们不想看到这样的嘎哩嘎哩君！"

听到这样的心声，老社长决定继续发扬挑战精神，于是在 2013 年发售"嘎哩嘎哩君玉米浓汤口味"。

据说在当时的赤城乳业公司内部，这个决定遭到了绝大多数员工的反对，但是社长力排众议，决定开发新产品。结果，新商品发售的消息在推特和脸书等社交平台上不胫而走，被很多人分享转发，最后一度成为热销产品。

"一起来玩吧"是顾客能够喜欢赤城乳业的一个重点，而企业与顾客共有的印象，就是"品牌形象"。

下面我们来总结一下什么是品牌，品牌必须具备以下三个要素：

1. 有重要的理念；
2. 有一贯的"品牌形象"；
3. 有产生认同感的粉丝。

嘎哩嘎哩君就满足这样三个要素。这样，大家能理解什么是品牌了吗？

在你周围一定有很多这样的品牌，而在你喜欢的手艺人中，应该也有符合这样条件的人。

课题 03 | 需要做出"品牌形象"的 不只是物品

正如我列举了嘎哩嘎哩君这个例子，我们了解到商品制作的背景、理念、商品本身，以及附属的东西（嘎哩嘎哩君就是利用官网渠道在传达这些内容）。

对于手艺人而言，就是品牌名、LOGO、小卡片、宣传单、名片、平台等，然而，就算在这些方面做得再好，也不足以构建出"品牌形象"。

保有持之以恒的一贯性，才会产生"品牌形象"，蕴含其中的是你的世界观。与你的"品牌形象"相吻合的人会成为你的粉丝，变成你的顾客，成为那些想着"再贵我也要买！"的回头客。

我们生在这个主张自我、强调个性的时代，要在喜欢的时刻、喜欢的地方、喜欢的人那里买我喜欢的东西。像包袋、胸针、衣服、饰品这些东西，其实只要想买，在哪儿都能买到。尽管如此，依然有人抱着"就要跟他买！""多久都愿意等！"的强烈意愿。

你一定也有这样的感受，同样是花钱，哪怕稍微贵一些，也要选那个自己喜欢的。

现在的一些大型企业，除了为客户提供更好的商品和服务，也会向大众传达企业的内部文化和理念，开始把这些以往看不见的，诸如商品的制作工序、工人们的工作状态等通过开放观摩的方式展现给大家看。

拥有"让日本的汉堡更美味"宣传口号的摩斯汉堡，制作了一个"摩斯汉堡的秘密"的宣传网页，在上面公开了原本不为人知的美味汉堡的制作方法。在他们的官网上有一个叫作"摩斯理念"的专栏，公开了汉堡是如何制作出来的，进行了哪些研究，开展了什么社会活动。

不管是选材、制作方法还是做出来的汉堡，都呈现出一贯的理念。这就是"品牌形象"的基础。

手艺人也是如此，不仅要在作品中传达自己的"理念"，还要在做手工这件事上引起顾客的共鸣。

创立了专门销售宠物狗服装品牌 WAN brand·A demain 的旗手爱女士，曾这样描述她制作狗狗衣服的契机和理念："2003 年 12 月的一天，一只迷你腊肠犬成为我的家人，我给它取名'橄榄'，它很怕别的狗，为了表达我会一直陪伴它的心情，我开始给它做衣服。后来，我又养了一只叫'罗勒'的同品种犬，罗勒有皮肤过敏的毛病，为了保护它的皮肤我需要制作不会给它身体带来负担的衣服，于是我开始研究面料和衣服板型。"

"这两只可爱的狗狗就像我自己的孩子一样，有了它们，我每天都很快乐。"

"然而有一天早晨，当我醒来的时候，却发现橄榄去了天堂。"

"这件事带给我的不只是悲伤，更让我意识到每一个稀松平常的'明天'的珍贵，而能饱含爱意，用笑脸相迎那些日子是多么重要。"

"我用法语'明天见'给我的狗狗服装订立了品牌名'A demain'，将我的心意藏在这句话里，在做狗狗衣服的时候，心里就会祈祷小狗和他们的主人能如亲人般相处，度过幸福快乐的每一天。"

旗手爱女士将这个故事和理念写在她的博客主页和宣传单上。另外她还把她的三个承诺写在小卡片和宣传单上，介绍她是如何将这些理念贯穿在作品中的。

我自己也养狗，所以和旗手爱女士产生了共鸣，也十分欣赏她的作品。

同样要花钱，大家都希望从有目标、能产生共鸣、觉得很厉害的人那里买东西。正因为现在是物质丰富的时代，商品不仅要可爱、精致、漂亮，就连制作者秉持的理念和态度，都能成为价值。

重点

旗手爱女士会告诉顾客

"我在做狗狗衣服时看重的三个承诺"

1. 追求狗狗衣服美观的同时，兼顾舒适度

2. 严选对狗狗和顾客都健康的面料

3. 从狗狗和顾客的角度出发，制作让顾客开心的商品

写满WAN brand・A demain的诞生故事、理念与三个承诺的宣传单

[PC/スマートフォン]

登録待ってるワン

LINE
始めました
ID 検索は@KBK4286W

A demain

ネットショップ・イベントなどで販売中

アドゥマン 犬服　　検索

ご自由に
お待ちください

A demain

wan（ワン・犬服）ブランド アドゥマン

『毎日がsomething special』がコンセプト。
一番近くで抱きしめたい、毎日笑顔で過ごしたい
飼い主さんとwanちゃんのためのアイテムをお届けします。

毎日笑顔に
なれる商品

wan（ワン・犬服）ブランド
A demain　アドゥマン のストーリー

『オリーブとバジルとの運命の出会い』

2003年　M ダックスのオリーブと出会い一目惚れして
私のワンライフがスタート。

オリーブは臆病だったためずっと一緒にいるよ～
という気持ちを込めて
お飼い主の笑顔を作ったのが
犬服を作り始めたきっかけでした。

2003年　M ダックスのバジルにも一目惚れして
オリーブとバジルと一緒にワンライフを過ごす事になりました。

バジルは私が歩く犬服は必要。
より着やすく素材にもこだわるようになりました。
ご飯も手作りしたり。
飼んな手作りだったり。
私にとってオリーブもバジルも子供のような存在になっていました。

『A demainアドゥマン また明日』

ある年の秋の頃
オリーブとのお別れは突然訪れました。

その頃は
いつも前に側はお客さまとのtifではない。
wanちゃんの笑顔。もうけではない。
1月1日大切に生きようと思ったのです。
A demainアドゥマン また明日 という意味の
ワラン入店に寄せて

一番近くで抱きしめたい、毎日笑顔で過ごしたい
飼い主さんとwanちゃんのためのアイテムをお届けします。

▶アドゥマンの商品について◀

wanちゃん用、オーナーさんとのお揃い親バカアイテム、
らくちんスリング、アイデア満載バッグ、工夫のあるベッドなど、
あなたのワンライフに寄り添う色んなアイテムを制作・販売しています。

MY NAME IS
NANA

▶3つのお約束◀

章节

1

建立你的
"品牌形象"

先厘清能让你产生共鸣的"品牌"的世界观。

前面跟大家提过,想要成为让顾客说出"再贵也想跟你买"的手艺人,"品牌意识"是很重要的。

想要创立品牌,以手艺人的身份开展各项活动,就需要有一批能与你产生共鸣的顾客。为了让这些顾客进一步了解你,就需要将你的"品牌形象"正确地传达给他们。

本章将讲述如何建立"品牌形象"以及"品牌形象"的必备要素。我会举出几个实例作为参考,也请你根据实际情况试着思考要如何建立自己的"品牌形象"。

课题

01

建立品牌形象1

成为手艺人的理由
——制订任务目标

我曾经在我的脸书上做过这样的问卷调查："你在社交平台上看到想买的手艺人的作品时，会关注哪些内容？"

选项包括价格、作品更新频率、店铺评价等，排在第一位的回答是"关注这位手艺人在社交平台上发布的内容"。

从这次的调查中，我还收到了这样的留言："看到好的作品，首先想去网络上看看她是怎样的人""从她与粉丝的互动中判断她的性格，如果觉得很合拍的话就会关注她""比较感兴趣她作为手艺人平时的生活状态和工作状态是怎样的"。这些都能反映出顾客在意的东西。

我们在购物时，往往会抱着不想做出错误选择的意识行为。然而其实并不只如此，"人"和"理念"也是影响着顾客在眼花缭乱的商品中，做出"想跟这个人买"这个决定的重要因素，这一点在序章中已经介绍过了。

你成为手艺人的理由是什么呢？

我想你的回答一定是这句话：

"因为喜欢。"

我想很多手艺人都是由此开始的。或许还有一些人会说是"因为擅长"。另外还有一些人其实是偶然得到的机会，想着试着卖卖看，结果真的卖出去了。

事实上，我想背后的真心话应该是"从来没有认真想过理由是什么"。不过如果想要成为一名手艺人，并有把手工作为自己的全职工作的目标的话，那么请你明白，认清你的初心，不仅有助于激发创作动机，同时也可以与顾客分享你的初心。

如果你的理念能够让顾客产生共鸣和认同感，就能让你的品牌得到更长久、更多的支持。

在序章里介绍的 WAN brand·A demain 的创始人旗手爱女士，经历了痛失爱犬的悲恸，萌生了想让有宠物的人每天都能绽放笑容的念头，她将这个想法写在博客、宣传单和小卡片上传达给大家，得到了有同样经历的顾客的共鸣，因而逐渐成长为一个受人喜爱的品牌。

你也可以将自己的初心化为字句，分享给你的顾客。

课题

02

案例 制订任务目标

为什么选择亲子装？

在短视频和照片分享平台成为流行的大趋势下，经常可以看到有人分享和孩子穿亲子装的照片。

创立了亲子装品牌 omusubi-five 的阿部奈奈女士，就是一名有着三个儿子的妈妈。

每天在育儿和家务之间寻求空档做手工的奈奈女士，曾经有过这样的想法："如果下辈子投胎还做女人的话，想试试没有孩子的人生！"

之所以会有这样的想法，是因为不管是好好坐下来吃完一餐饭，还是安静度过一个人的咖啡时光，这些她曾经希望能享受的事情，都会因为孩子的一声"妈妈"而被打断。她说，从没想到这会是一件让人纠结的事情。

哪怕是将自己的时间和精力都倾注在孩子身上，也会有对自己教育方式是否得当的担忧，这一定不是只有奈奈女士一个人才有的烦恼吧。

即便如此，为了孩子和家人，这也不能做，那也不能做，每天都很辛苦，有时眼泪都要掉下来了，但是听到孩子说"妈妈我来帮你"的时候，或是陪伴孩子在寒冷的天气坚持早起学习才艺，最终看到孩子达成目标的时候，养育孩子的过程中花费的九成辛苦与不安都因此烟消云散了。她深切地体会到，对于妈妈而言再高兴不过的"一成的魔法"是真实存在的。

"孩子长得很快，愿意穿妈妈挑选的衣服，全家可以一起穿亲子装的时光可能很短暂，于是我想通过做能让人享受那短暂快乐时光的亲子装，帮助大家暂时忘却育儿的辛劳，感受到那'一成的魔法'的价值。"

奈奈女士说，她最初并没有认真想过做亲子装的理由，一开始脑海里浮现的都是"因为想做""因为想穿"这些简单的理由。不过，到底为什么想做？做出来之后有什么感想？谁会产生共鸣？他们为什么会产生共鸣？在她反复对这些问题作出思考和回答中，才逐渐明晰自己的理念，开始能够想象她希望什么样的人会因她的作品而感到开心。

在你的脑海中，能够浮现出因为喜欢你的手工制品而开心的人的面孔吗？

这些人也许是一直支持你的家人和朋友，也许是几年前的你自己。为了自己做手工，愉悦身心当然很重要。不过，当你做手工的时候，脑海中开始浮现其他人的面孔时，才是你成为全职手艺人的第一步。

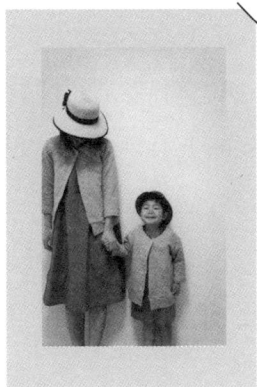

就算孩子穿亲子装的时间很短暂，但还是希望可以多穿几次，所以奈奈女士做衣服时最先考虑的是能穿三季，并且采用易于在家清洗保养的面料和款式。

另外，omusubi-five 的衣服简单自然，易于搭配，她会在口袋和里衬上变换面料的花样和颜色，这是只有穿过的人才知道的"特别感"，这样顾客与制作者之间就有了"微笑的秘密"。

正因为清楚自己商品的受众，奈奈女士才能归纳出这三个对顾客的承诺。

(重点)

阿部奈奈女士的任务目标

婴幼儿时期是养育孩子最辛苦的阶段，即使时间
很短暂，还是希望 omusubi-five 亲子装能带给您
开心快乐的"一成的魔法"。

omusubi-five 的三个承诺

1. 尽量使用能穿三季的面料和款式

2. 选择便于自家清洗、易于保养的面料

3. 只有穿在身上的人才知道的"微笑的秘密"

课题

03

你的初心
就是你的"任务目标"

　　就像奈奈女士的例子，请大家思考一下自己为什么要做手工制品？借此厘清思路，明确你想要与其分享、引起共鸣的对象，这样你在手工工作中的角色就会越来越清晰。

　　这里的"角色"就是任务目标。

　　任务目标蕴含"使命"的意义，对于以"喜欢"为初心的手艺人而言，要回答"我的使命是什么"这样的问题，也不是件容易的事。

　　这时，像奈奈女士一样，你可以尝试去整理一下，自己开始做手工的契机是什么？每天做东西时会想什么？以及，你希望让什么样的人开心？

　　或许你会意外发现自己都不曾察觉的，对于做手工这件事的坚定理念。

制订任务目标的习题

1. 试着想一想：你为什么开始做手工？如果是受到他人影响的话，那么他是如何影响你的？又是什么让你心生向往呢？

回答范例：

我从小就和祖母感情最好。祖母经常会在围裙口袋里装一个口金包，每当她拿出口金包我都会非常兴奋，因为口金包合上时会发出清脆的一声"咔嗒"。这声"咔嗒"，至今仍会让我回忆起已过世祖母的点点滴滴，倍感温馨。我希望能借助制作口金包来表现那种怀念和温馨的感觉。

2. 请问做手工这件事，在什么时候、哪种感情上给予你正面的影响？

回答范例：

在我失去自信的时候，就把口金包拿出来，打开、关上，再打开、再关上，每声"咔嗒"都能让我感受到仿佛最爱的祖母还在我身边，让我内心充满爱与温暖，然后就振作起来了。

3. 你的手工制品会带给谁什么欣喜?

回答范例:

为了表现出怀念与温馨的情感,我选用的都是一些复古花纹的布料,所以喜欢复古风格的人和喜欢口金包的人会喜欢我的作品。

4. 你希望通过自己的作品让谁得到怎样的幸福?

回答范例:

我想要通过复古的花纹、配色、不同面料的口金包以及它响亮可爱的"咔嗒"声,鼓舞那些为每日生活奔波劳碌的人。

重点

思考自己的任务目标,是一个起点。或许有些人会把事情想得很复杂,但首先请试着想一想除了"喜欢",还有没有其他做手工的理由,如果还能找出其他的答案那应该会很有趣。

此外,制订任务目标并非一蹴而就,随着你的活动舞台发生变化,你的心境也会发生变化。所以不妨一边享受这种变化,一边弹性地调整你的任务目标。

课题 04

建立品牌形象2

用语言来传达"很有某人的风格"

——制定创意理念

序章里已经提到过品牌必备的三要素之一——"品牌形象"要有一贯性。

建立"品牌形象"的首要条件是你需要将"自己在做一种什么样的东西"用通俗易懂的语言文字表达给看到的人,这就是所谓的"创意理念"。

大多数手艺人都是从做自己喜欢做的、擅长做的东西开始迈出第一步的。如果被问到"你在做什么样的东西?"大家多半会想不到怎样用比较贴切的语言来表达。

也有人会说:"看了就知道了!"不过,完全交由对方自行解读你想传达的信息,很可能会产生误解,我觉得这是很危险的。

将你的理念和想要传达的信息,用易于传达的方式表达出来,吸引那些能与你产生共鸣的顾客,让顾客了解你在做的事情,这对手艺人而言,是非常必要的。

所以,为了让顾客能读懂你的作品,请好好地用语言传达出去吧!

　　此外，有了清晰的"创意理念"，相当于你的作品有了根基。因为自己的作品是基于这样的创意理念而创造出来的，所以在选材、款式设计、商品研发上也会跟着变得明确起来。

　　如果你原本是"这个也做、那个也做，想做什么就做什么"的"多方位"手艺人，不知道自己的"品牌形象"到底是什么并且因此而苦恼的话，可以通过厘清创意理念让你摆脱这种困境。

课题

05

案例 制定创意理念

针对45岁以上熟龄女性
优雅可爱的日常饰品

其实许多人也想好好地向顾客传达自己的心意，但却不知道怎样制定创意理念，或者不知道自己的创意理念是否合适。

于是，我找到一位有着同样的苦恼，也曾不知道如何制定作品创意理念的饰品手艺人，希望借由她的例子能给你带来启发。

如今拥有了 Bouquet de Muguet 品牌的熊谷玲子女士，自从看过天然石串珠的手工书后，便深深被天然石吸引，于是从 2002 年开始制作天然石饰品。她原本一直以为，想办法用天然石这种原料，做出更多种设计的饰品，就是对手艺人来说最重要的事情。

我们第一次见面的时候，她带来了一些作品，有大胆使用大颗宝石制成的华丽款，也有小巧可爱的日常款，饰品的设计千变万化。

如果把玲子女士的作品单独拆分来看，的确每一件都可以想象出它们适合在什么场合、由什么类型的人佩戴，但是综观全部作品，又会产生这样的疑问："这到底是几个人做出来的？适合在哪里销售？"五花八门的设计风格很难让人捕捉到这个品牌的全貌。

于是，我将玲子女士的饰品分成三种风格，然后试问她想做的东西是属于哪一种风格？

玲子女士原本以为，手艺人就应该尽量去做出更多的风格和设计，不明白为什么必须从中选择出一种，因此问我这样做的理由。

为什么不能让作品有多种风格？

如果玲子女士的品牌是日本唯一的一家饰品店，那么为了满足顾客们五花八门的喜好和需求，就需要各式各样的商品。但是，现在想买饰品，杂货店、百货商场、精品店或者网上都可以轻易买到。

正因为市面上选择众多，所以你不需要去迎合所有的顾客，制作出五花八门的饰品。当然，如果你想要这样做也可以，但我前面提到过，为了销售，"易懂"是很重要的原则。

这里的"易懂"，指的是什么样的人、在何时何地、会因为什么目的而购买。

那么要怎样做，玲子女士才能让人了解自己的饰品品牌，从而愿意选择购买呢？

我们必须让大家知道，玲子女士的饰品让"这样的人"在"这种场合""这样佩戴"是最合适的。

所以，"这样的人"是怎样的人？"这种场合"是何种场合？这些问题的答案就必须由玲子女士本人告诉大家。

当然，我想每位手艺人内心都希望每个人都能使用、佩戴自己的作品。不过在这个选项琳琅满目的时代，比起"各种人"，明确指出"这种人"，会更容易在网络上畅销（这一点我会在第 72 页"建立品牌形象 5"中详细跟大家说明）。

同时，为了让顾客正确掌握玲子女士的品牌是什么样的品牌，从而愿意选择购买它，就必须建立起与顾客间的共鸣点，而这种共鸣点就是"创意理念"。

玲子女士的饰品，是以天然石为主材料的项链和耳环。天然石的温润光泽，就算是熟龄女性佩戴也不显突兀，搭配 T 恤等休闲服时也有时尚感；而在需要盛装打扮的重要场合，则能为服装增添光彩。玲子女士就曾亲身感受过天然石所带来的魅力。

于是我问玲子女士她想给什么样的人带去快乐呢？她说，就像她自己，在育儿告一段落、开始有自己时间的女性，希望能够制作一些适合日常佩戴、简单优雅的饰品，让这些女性的心灵更加丰富。她还告诉我，她盼望自己不管几岁，都能被孩子称作"令人骄傲的母亲"。

于是从中，我们提炼出来的创意理念是：

"针对 45 岁以上熟龄女性优雅可爱的日常饰品"。

"45 岁以上"这个表述，可以想象出大概是什么样子、有过什么经历的女性，而"优雅可爱"，则能让人联想到商品采用的是精致且高级的材料。还有"日常"的这个表述，可以让人想到饰品是轻巧简单的设计，佩戴时不会麻烦或不方便活动，同时也能对价格有点概念。

我们就这样归纳出一个非常易懂的"创意理念"。

顺便补充一点，虽然顾客的设定是"45岁以上"，但实际上玲子女士的粉丝当中也有很多20多岁和超过60岁的女性，那你可能会问："不到45岁是不是就不能卖给她们？"其实并不是的。

玲子女士在受邀参加百货商场的活动时，有位看起来20多岁的可爱女孩非常喜欢她的饰品，她每天都会来，顶着一头可爱的蓬蓬卷发，穿着有蝴蝶结的白色上衣，搭配过膝米色长裙，脚上穿着低跟皮鞋，这位粉丝正是一位具备"优雅可爱"气质的女性。

玲子女士说，通过建立凝聚着自己作品特点和优点的创意理念，在更清晰传达品牌价值观的同时，也帮助她了解自己的顾客，在制作新饰品时，脑海中也开始浮现实际顾客的面孔。

建立创意理念，重要的是考虑使用者是谁、谁需要这些饰品等这些顾客的状况，并思考该如何与他们沟通。

Bouquet de Muguet·熊谷玲子女士的饰品品牌

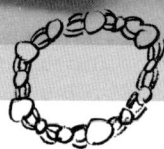

对制定创意理念有帮助的习题

（回答摘自Bouquet de Muguet熊谷玲子女士的答案）

1. 你制作的是什么？

饰品

2. 你制作使用的材料是什么？

天然石

3. 作品给人怎样的印象？

优雅、女性化、小巧有气质

4. 希望谁在什么场合使用？或者你希望顾客产生什么样的
  变化？

希望四五十岁的女性，在跟朋友的午餐约会时，或平时出门时等
日常行程中随性佩戴

希望顾客不管几岁都是"可爱的妈妈"

――――（ 重点 ）――――

制定创立理念时，重要的是想象你"为了谁"在进
行创作。在想象顾客群时，可以试着参考第78页
的"打造人物画像"。

课题

06

建立品牌形象3

让作品与印象保持一致
——风格统一

　　我在第58页介绍了 Bouquet de Muguet 熊谷玲子女士制定创意理念的例子，请大家要注意一点，那就是创意理念和作品的印象要保持一致。

　　例如，玲子女士的饰品是以天然石为原材料的，而她选择的天然石又是质感、尺寸、颜色都很高雅的，用它们来设计日常款饰品，可以让成熟女性散发出优雅可爱的气质。

　　所以，就算你的每一件作品都很美，如果整体给人的印象不一致，就会带给顾客一种不协调的感觉。所谓没有"品牌形象"的品牌，就是整体印象不具有一致性，这种不协调感就像杂音一样会被忽略掉，无法让人记住。

　　你的每一件作品都能带给人相同的印象吗？

　　提到印象，或许有人会觉得是很抽象的东西，不过印象的形成也有一定的准则。决定印象的有以下五个要素：颜色、形状、花样、材料和质感。根据这些，我们可以把印象分成几个类别。

风格举例

（ 1 ） 童话风格

颜色：淡粉、淡蓝、象牙白、奶油色等柔和的色彩

关键词：童话、幻想、淡淡的、清纯、梦幻、甜美

图案、材料：碎花、波点；蕾丝、荷叶边等

质感：软绵绵、蓬松、轻飘飘

（ 2 ） 自然风格

颜色：象牙白、米色、绿色、橘色等自然界中存在的颜色

关键词：自然、简单、治愈、新鲜、环保

图案、材料：花草树木、素色无图；纯棉、羊毛、玻璃纱、铁质、木材等

形状范例：没有华丽的装饰，尽量保留自然的简单形态

（ 3 ） 休闲风格

颜色：鲜艳的红色、绿色、蓝色、粉色、橘色、黄绿等自由鲜明、开朗有趣的配色

关键词：青春、流行、热闹、朝气、爽快

图案、材料：粗格纹、条纹、人物、动物、漫画；塑胶、橡胶、布、纸、棉等

形状范例：有趣的造型，例如，易懂的动物、卡通人物等主题

（ 4 ） 优雅风格

颜色：收敛的灰色调

关键词：高雅、奢华、华丽、高级定制

材料：丝绸、天鹅绒、薄玻璃纱、珍珠等有光泽感的材料

形状范例：抽象的曲线

为了保持印象一致，厘清你的任务目标，以及是以怎样的创意理念在为谁创作，是非常重要的。

举例来说，明明任务目标是"治愈疲惫的心灵"，做出来的作品却采用红、黄、蓝等鲜艳色彩，印象就不一致了。

如果主题是"治愈"，要采用奶油色、淡蓝、淡粉这样柔和的色彩，或是米色、绿色这种自然界中存在的颜色，才会保持印象一致。

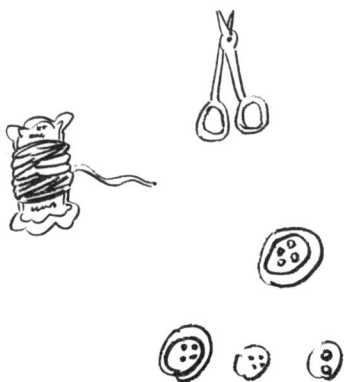

课题

07

建立品牌形象 4

设计与作品相配的LOGO和包装

——将"品牌形象"融入促销手段中

一致的印象和风格，绝不仅限于作品本身。

伴随作品的 LOGO、卡片、包装等都是建立"品牌形象"的重要组成部分。例如，你想营造时尚新潮的现代风格，却用蕾丝包装，就会给人不搭的印象。建立"品牌形象"，包括伴随作品的 LOGO、卡片、名片、宣传单、包装等，全部都要给人一致的印象。

字体、颜色、形状的改变会影响印象

高桥之子女士的创意理念是"大人的幻想故事"（详细介绍请见第108页），她谈到以"故事"为主题的作品，实际上并不是面向孩子，而是面向成人，能让他们回忆起孩童时代快乐的那种作品，所以字体设计上采用复古感的明朝体 ❶。

---

❶ 明朝体是一种对日文字体的叫法，广义指宋体。——译者注

Atelier MOMO 品牌的福岛纱友里女士，她的创意理念是"对重要物品要可爱地管理"（详细介绍请见第 80 页）。为了匹配"可爱管理"这个创意，字体采用较细的黑体字，另外也考虑到作品受众是 30 岁左右的女性，设计上表现出轻快的感觉。

White Cube 品牌的水谷有子女士，她的创意理念是"成熟女性低调优雅的饰品"。使用珍珠制成专为优雅成熟的女性所设计的饰品，选择衬线字体❶，增添几分优雅高级的感觉。

YuriCo 女士的创意理念是"给我一个〇（肯定）"。她用羊毛毡创造出治愈系小可爱角色——虾夷鼯鼠 momo 酱。想通过 momo 酱传达出来"给自己肯定是非常重要的"，因此，在设计店铺名片和小卡片时也有意识地加入了圆形。

---

❶ 衬线字体指在字的笔画开始、结束有额外装饰的字体，笔画的粗细会有所不同。——译者注

让作品与包装的印象一致

在第 72 页案例中登场的宇都宫美和女士

作品：羊毛毡小鸟

小鸟代表大自然的印象，为了营造大自然的氛围，作品采用同是自然风格的永生花等素材来装饰。小卡片上的插图是美和女士自己手绘的，她也选用自己喜欢的淡蓝色作为品牌色。

在第 76 页案例中登场的山之内结衣女士

作品："童话森林的刺绣杂货"spica-pika

为了配合作品，她将童话主题的图案设计在包装盒上。有时还会让作品中兔子的衣服、蘑菇、草莓等设计与外包装盒统一，而关于每件作品的小故事说明卡片也会一并放入包装盒里。

制作礼品时的要点

为了了解制作礼品时需要注意的事项，我们拜访了为手艺人制作小卡片、宣传单而出名的 SWAN PELAPELA IT 的负责人壬生白鸟女士。

1. 注意字体和纸质等

文字部分要选用方便阅读的字体。比如，有些手艺人的顾客年龄偏大，对于过小的字读起来会有些费劲，所以要考虑到适合顾客年龄层的字体大小。此外，可以选用有覆膜加工工艺的纸张，防止沾湿或弄脏。如果作品本身给人轻柔的感觉，那么可以选用触感轻柔或未经加工的天然纸张。一切的重点都在于配合作品的印象。

2. 选用精致的印刷和精美的照片

现在有很多图文快印店或网店提供物美价廉的小批量个性化印刷服务，如果自行在家印刷，容易产生业余的感觉，所以我建议交给专业商家来处理。此外，照片要选择不修图就能使用的高品质照片。

3. LOGO不要屡屡变更

或许你习惯根据不同的作品选择不同的包装纸，但要注意保持 LOGO 字体与图案一致，便于给顾客留下印象。

4. 文字要精简

文字太多会让人不想看，造成费心写的内容没有人去读。
撰写的内容要根据宣传单、小卡片、包装纸或是店铺名片来配合调整，仔细筛选写上去的信息、标语、联系方式（官方网站、网络销售平台、社交平台等）、创意理念、作品说明，内容都要简洁精炼。

5. 只写一个联系方式

所有的联络方式都想放上去！
这种心情我完全可以理解，不过这样一来，反而让看的人不知道该看哪里才好。所以只要写一个你真正希望大家看的地方，或是统一整理好全部资讯放在一个二维码里就够了。

课题 08

建立品牌形象5

谁会购买你的作品？

在制定创意理念的同时，需要一并考虑的是购买你作品的"顾客"。

卖东西当然要考虑买家，你可以试着一个一个想象：会是怎样的顾客？他们喜欢什么？对什么感兴趣？会在哪里购买？

不过，对于还没有销售经验的人来说，可以从想象"我希望什么样的人来买我的作品"开始。

这里介绍的是制作羊毛毡小鸟的手艺人兼手工讲师宇都宫美和女士的例子。

刚认识美和女士时，她会用羊毛毡做猫、狗、小鸟，还兼任手工教室的讲师。此外，她还在学习摄影技术和造型设计，当时，她并不确定自己要朝哪个方向发展。

美和女士的朋友建议她："很多人喜欢猫，你要是做猫的相关产品肯定能大卖！"美和女士也知道"猫咪周边"很畅销，但是当时她就是没有那个意愿。

因为创作者本身意愿不高，加上手边同时有作品销售、教室运营、学习摄影技术等多项事务，她很烦恼到底该将哪一项作为自己的"主业"继续下去。于是我建议她，选择目前已经有些成果的部分为主要依据来考虑选择方向。

美和女士当时在作品销售、教室运营和摄影三个领域当中，教室是运营得最顺利的每次教室开课都是座无虚席的。加之她本身很喜欢小鸟，自己也有饲养，听说她在开授如何做羊毛毡小鸟的课程时，学生们都非常感兴趣，每次都有学生要求："下次我想做这种小鸟！"

于是我建议她，可以从羊毛毡小鸟入手，目标是用羊毛毡做出多种形态的小鸟，形成鸟类图鉴，让大家只要一提到羊毛毡小鸟就想到"宇都宫美和"这个名字。作为建立个人品牌的一环，我请她开通了"羊毛毡小鸟图鉴"这个博客，并保持更新。

在集中制作小鸟作品，并不断更新博客的基础上，经过一段时间的积累，她每次发文都能排到博客浏览量的前列。几个月后，竟然还有出版社慕名前来，跟她洽谈出版书籍的事宜。

从这个案例中，我们可以看出品牌创立的条件中很重要的一项就是"清晰易懂"。

为了清楚传达这个人是做什么的、作品的主题或风格，这些信息不管是哪个顾客，不管在个人网页还是社交平台看到都是一样的，这一点非常重要。清晰易懂，就会让人印象深刻。

当然，做羊毛毡小鸟的手艺人很多，想要从中脱颖而出，成功吸引到喜欢美和女士作品的人，必须每次都认真地传达自己作品的特征和强项。

以美和女士为例，除了可以做出精致的羊毛毡作品以外，照片也拍得很精美。通过社交平台的介绍，大家逐渐有了这样的印象："美和女士就是那个做羊毛毡小鸟的手艺人。"

决定好自己的风格，然后将其反复呈现给大家，这是创立品牌的技巧。

不停创作羊毛毡小鸟，并持续曝光度的宇都宫美和女士，后来如愿出版了《可爱的羊毛毡小鸟》这本书。

羊毛毡小鸟图鉴·宇都宫美和女士的作品

现在，让我们回到主题。对于制作羊毛毡小鸟的宇都宫美和女士来讲，谁是她的顾客呢？

喜欢羊毛毡的人？还是喜欢手工制品的人？

当然这些人也是她的顾客。但请仔细想想，对她而言最理想的顾客是"喜欢小鸟的人"才对，养鸟或是喜欢小鸟的人，都可能会成为她的顾客。

几乎每位手艺人都很容易误解的一点，就是以为顾客只有"喜欢手工制品的人"。

假设你是一位制作婴儿服的手艺人。你的顾客，也就是那些会掏腰包买你的作品的人，会是怎样的人？如果你的答案是"喜欢手工制品的人"，那么我得请你再好好想一想。

的确会有人因为"喜欢手工制品而买这件婴儿服"，但实际上，真正会成为你的顾客的，是那些朋友或家人生了小宝宝、或是自己有了宝宝，正在帮宝宝找衣服的人，也就是具备"购买婴儿服的理由"的人。

所以请你再仔细想一想，愿意购买你作品的顾客会是谁呢？

案例 了解顾客

了解顾客，就会发现作品热销的关键！

创立"童话森林的刺绣杂货"spica-pika 品牌的山之内结衣女士，作品以虚构的森林为舞台，生活在里面的兔子、猫咪、小鸟都像人一样有名字、有职业，她把这些虚构的森林角色做成了可爱的刺绣胸针。她说，自从通过各种线下活动与一直崇拜的手艺人交流之后，充分认识到品牌的创意理念和锁定客户群的重要性。

结衣女士开始制作手作服和文创杂货的契机，缘于女儿的出生。刚开始的时候，商品多多少少是想为女儿制作的东西，她的创意理念是"让女孩闪闪发光的刺绣杂货"。

"回想当时，那个创意理念也不过是个'看起来像是理念'的东西，定义其实是非常模糊的。不过，我观察那些受欢迎的手艺人，他们对于客户群的定义更加具体，在'顾客是谁'这一点上非常清楚明了。而我当时还不知道自己的顾客是谁。"结衣女士这样说到。

结衣女士想更加了解自己的顾客，于是参与到作品的实际销售中，去不同的场合观察体会。她说，她用了整整一年时间，通过不断参加各式各样的活动，清楚地知道了自己想象中的顾客和实际顾客的差距。原本想象的是喜欢文创杂货的三四十岁的顾客，实际上也有不少五六十岁的人。

　　她还发现，原本以为顾客是喜欢收集饰品的人，结果得知购买自己作品的顾客更多是因为喜欢动物或者有养动物的人，还有一些顾客是喜欢童话风格或是对某个动物角色的故事产生共鸣，由此产生了购买欲。

　　"比如，养兔子的顾客看到垂耳兔造型的作品就会很兴奋，还会认真点评不同造型好不好看，俨然把它们当成自己的宠物一样。"

　　"在我重新制定创意理念之前，一直觉得'刺绣作品的呈现方式'是最重要的。然而在了解顾客之后，我才发现，不只是刺绣，住在spica-pika 动物森林里的角色和故事，才是顾客喜欢的第一要素。"结衣女士表示，今后她不会局限于刺绣，而会活用角色特点，创作刺绣以外的作品。

　　了解顾客，就是了解自己的作品可以在哪些方面引起他们的共鸣。而抓住共鸣点，也就抓住了顾客的真实需求，最后就能做出畅销的商品了。

课题 10

试着想象出一位顾客！
——打造人物画像

不仅仅是手工制品，只要是做生意，招揽愿意为你打开钱包的顾客至关重要。什么样的顾客会买你的作品？他们喜欢什么？对什么感兴趣？过着怎样的生活？这些都是需要深刻思考的问题。

通过勾勒出对顾客的想象，你就会知道如何去制定作品的风格，从而制定出作品的销售策略，像是展现作品的方式、文案的文风、更新社交平台的时间等，都会由此变得清晰。

试想你只有一位顾客，我们把这位顾客称为人物画像。

我在帮一些店铺做品牌策划时，也会想象那家店的顾客画像。并以此为契机做出海报张贴在仓库里，让自己跟店员能对目标顾客产生共同的印象：顾客喜欢这种东西、喜欢这样做、常会在这个时间段来采购。

虽然刚开始一切只是想象，但是在经营过程中，会逐渐与实际的顾客产生关联，然后店员也慢慢地能在产品会议中不断提出具体的意见："这种设计顾客一定会喜欢。""那种风格估计顾客不太能接受。"

那么作为手艺人的你，要如何去想象唯一的那位顾客呢？

已有销售经验的人，可以试着在脑海中描绘出一位喜欢你作品的忠实粉丝，或者是几年前的你自己。

没有销售经验的人，就想一想你希望什么样的人购买你的作品。

人物画像越详细越好

例如，如果你的人物画像设定为"35 岁，有个 2 岁的儿子，在附近兼职的女性"，那么请继续深入挖掘，她从事怎样的兼职工作？一周打几天工？每天用什么交通工具通勤？收入大约是多少？有没有职称……

现在假设你是一位做皮包的手艺人，想做出通勤和假日都能背的包包。如果人物画像是在医院工作的导诊员，她平时上班要穿着制服。那么，我们就可以设想她在通勤时穿的衣服是相对比较自由且喜欢的。另外，她的工作会涉及个人隐私，所以平时应该不会带笔记本电脑和 A4 尺寸的文件夹上下班。这样一来，就可以想象她不需要能放得下 A4 文件夹的大包，而着重倾向于选择能放下基本物品的小尺寸包包。另外，如果她骑自行车上班，那么斜背包和双肩包才是更优选择。

通过想象顾客的人物画像，你会知道制作商品时应该强化哪些部分，要传递怎样的信息才能让对方感兴趣。

课题

11

案例 打造人物画像

通过打造人物画像
完成新作品的实例

　　福岛纱友里女士在怀孕时，第一次购买亲子收纳包，但是用起来极不方便，所以她自己动手做了手风琴式的收纳包，随后为了服务跟自己有同样苦恼的女性们，创办了以"可爱地管理重要物品"为创意理念的品牌 atelier MOMO。

　　她在参加现场活动销售作品时，有一起出展的同行和做小生意的朋友提出："想要一种多功能包，能将银行卡、零钱、票据一起收纳。"

　　一般的亲子收纳包售价在 7000 日元左右，但纱友里女士想要开发的是价格相对更高的产品线，于是她开始打造面向能接受这个定价的新顾客的人物画像。

　　在大阪的咖啡店里，我和纱友里女士一边讨论一边建立人物画像，随着讨论的深入，新作品的顾客样貌逐渐明晰起来，我也能察觉出她越来越自信。

　　看到她的这种精神面貌，我当时就确信她的新作品一定会畅销！不单单只是手工制品，卖书也好、开店也好，只要你能在脑海中想象出具体的读者或顾客的样貌，就一定会成功。

在纱友里女士进行新顾客画像的设定时，我提出了一个问题：使用这个新作品的人平时会读怎样的杂志？带着这个疑问，我们一起去了书店，她觉得最符合新顾客形象的杂志，是以"35 岁起"为关键词的，面向职业女性所发行的杂志 *Domani*。接下来，就让我介绍一下当时纱友里女士制定人物画像的部分内容。

【人物画像】

神崎优美

40 岁。创业第 7 年，创业后结婚生子，不过在孩子还小的时候就离婚了，现在跟读小学的女儿一同生活。经营了 3 家美容院，每家店有 3 名员工。

● 对自己物品的讲究之处

要与众不同、高品质。

价格不是问题，关键是希望拥有能让自己感觉很棒的东西。

一边照顾孩子一边管理店铺，每天都比较忙，会考虑尽可能地节约时间。

因此，她在寻找一个好用的收纳包，不过因为设计性和功能性不能同时让她满意，目前还没有找到特别喜欢的。

● 目前的工作内容

经营管理各个店铺。

作为女性创业者，为一些对美容瘦身感兴趣的女性，开办诸如"在家也能做的美容美体"的讲座。

●日常生活

在打理店铺和开展讲座的空隙，会进行一些电话或视频会议。

经常出入东京的中心地带，有时候会顺便在百货商场的地下购物街买完东西再回家。

闲暇时会在咖啡店度过一个人的时光，考虑一些工作方面的事情。

随时都要把钱包带在身上，工牌和票据也要随身携带，还需要一本随身记事本记录随时闪现的灵感，喜欢的杂志是 *Domani*。

服装方面喜欢休闲中不失气质、有女人味的服饰。喜欢有质感的东西。

使用的包包价位在 2 万 ~3 万日元。

在选购商品时并不看重名牌，喜欢比较小众，并且能展现出自己风格的东西。

对日用品的要求是对皮肤和身体好。

喜欢网购，较少在实体店购物。

●偏好

喜欢深蓝、米色、白色、卡其色，加入粉红、皇室蓝、黄色等点缀色。

●生活理想

工作和生活都很充实，希望能尽情享乐。

我请她仔细阅读了包括 *Domani* 旧刊在内的三本杂志，让她从服装穿搭、杂志配色及文章中挑出一些关键字，来给这个专为女性创业者设计的商品命名，通过几番讨论，最终的结果如下：

这是专门为"职场中的魅力女性"设计的绝佳收纳包！
能够让身为上班族、创业者、自由职业的你一眼相中的迷你多功能收纳包。

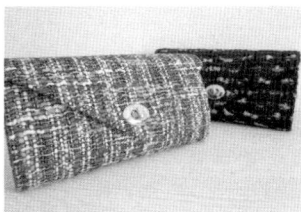

她设计了新的板型，尺寸可以容纳下职业女性必备的银行卡、钱包、智能手机、记事本等，材质使用生产香奈儿粗花呢面料的英国林顿公司的进口面料，定价在 1 万 6000 日元以上。

这个新作品，被放进亲子收纳包的姐妹系列——etoile MOMO 中销售。

纱友里女士对这个系列的定位是：

·身为女性也是光辉闪耀的。

·在工作上能蓬勃发展，得到耀眼的成果。

因此她在收纳包上添加了星星（etoile）的吊饰。

这样，一个多功能收纳包就诞生了！作为无论处在什么场合都希望干脆利落的女性，这个收纳包能让她们更有效地利用时间，在换不同的背包时，只要把里面这个多功能收纳包换过去就行了。

这个系列的价格是过去商品的两倍，原本想找出"唯一的顾客"的烦恼也早已解决，她将作品的考究之处详细地发布在个人网店主页上，结果第一批作品一上架就被抢空。

1mm"品牌形象"带来的感动

如果只想让一个作品变得可爱，方法有很多，打个蝴蝶结、加一点蕾丝或是装个可爱的吊饰，要多可爱就有多可爱。而令人印象深刻的设计，即使不是手工制品，也能带给大家惊喜的瞬间。

如果你想创造出一个被长期支持和喜爱的品牌，就必须仔细考虑你的品牌希望获得谁的喜爱？即使是一个吊饰，也要赋予它意义，包装盒、小卡片、商品名称也是一样的道理，只有和作品产生有意义的联系，才能埋下让人感动的种子。

人气手艺人的作品，就有很多这种"1mm 的感动"。顾客会对那即使只有"1mm"与众不同的部分,感受到"居然能做到这种地步!"的震惊,从而被深深吸引。

应该可以这样说,正因为是小品牌,才能创造出如此有魅力的特点吧。

到这里,我们已经和各位谈了创意理念和顾客。

在销售行业术语中,称顾客为"目标群体",但是,我认为最好能够把他们想象为一个人,所以使用了"人物画像"这个词。

通过思考创意理念和"人物画像"(即唯一的顾客),你的品牌就会逐渐明晰易懂。

了解顾客就不再苦恼

经常听到获得顾客长久支持的手艺人说,他们在创作作品时,脑海里会浮现出顾客的面孔。在去买材料的时候,也能够想象"这种面料 A 女士一定会喜欢",或是"这个设计好想告诉 B 女士"等。

当然,他们会告诉你,这是经过无数次的错误尝试,才得到的宝贵经验。没有经历跌跌撞撞的挑战,是什么都学不到的,持之以恒的毅力才是最重要的。

打造人物画像的习题

姓名（试着取一个化名）

住址（设定能想象的场所）

年龄

职业和收入（从事怎样的工作，要具体写出来）

家庭成员

自己支配的零花钱

一天是如何度过的（工作日／节假日）

兴趣

对金钱的看法

目前的烦恼

梦想

目前想要的东西

喜欢的品牌、电影、杂志等

消费习惯和方式
（购物时参考什么，最看重什么）

课题

12

建立品牌形象6
让大家"提到某某就想到你"
——考虑定位的方式

受到热门商品吸引，萌生出"看到别人做我也想试试看"或是"现在这款很流行，我也跟风做一下"的想法是很正常的，不过在这种情况下，做出来的商品会有"品牌形象"吗？人气商品和流行趋势或许可以作为参考，不过最终它们只会是短暂的模仿游戏。现在卖得不错，也不意味着就会一直持续下去。好的榜样和坏的例子都了解一下的确没有什么问题，不过创立品牌最重要的还是"品牌形象"，这会成为你和其他同类型手艺人作品之间的"差异"，也是顾客之所以选择你的理由。

要将这种"品牌形象"明确化，还要让人觉得"提到 ×× 就会想到手艺人 ××！"我建议大家可以使用"矩阵图"。它可以帮你找出自己和其他同类型作品之间的差异，在确认自己定位的同时，也能找出自己不擅长的地方。

本书中介绍的手艺人，大多数都与别人的定位不同。创立编织娃娃品牌 Ne-gi 的高桥之子女士（详细介绍请见第 108 页），也是运用矩阵图找出了"充满故事性的编织娃娃"这个特点。要被人记住，就要在自己的类别中找出差异，再将它转化为定位。

制作矩阵图的习题

1. 写出同商品类别、同风格类型的手艺人，或者自己憧憬的目标品牌。

_____

2. 画出矩阵图的横轴和纵轴，并尝试找出以下 A、B、C 三项内容。

A　顾客从你的作品中感受到长处及价值（获得利益）的基础

例如：

设计的个性　⟷　材质的个性

可以量产　⟷　独一无二

多功能　⟷　单一功能

送礼　⟷　自用

朴素　⟷　精致

高价　⟷　低价

造型人物　⟷　写实

特殊日子使用　⟷　日常使用

受欢迎　⟷　不受欢迎

认知度高　⟷　认知度低

历史悠久　⟷　历史较短

网络依赖性高　⟷　网络依赖性低

注重外包装　⟷　不注重外包装

那么再具体一些，如果是编织娃娃、布娃娃、羊毛毡娃娃系列的作品，

治愈系 ⟷ 非治愈系
有故事 ⟷ 无故事

这些点对于顾客而言也会成为价值所在。跟竞争对手相比"这一点我比别人强""这一点我不是很擅长"，也可以加进横轴、纵轴中。

B 目标群体
例如：
20多岁 ⟷ 40多岁
时髦感强 ⟷ 时髦感弱
妈妈 ⟷ 整个家庭
有工作 ⟷ 没有工作
上班族 ⟷ 创业者

C 印象
例如：
优雅的 ⟷ 俏皮的
有趣的 ⟷ 认真的
简单的 ⟷ 奢华的
传统的 ⟷ 流行的
日式的 ⟷ 西式的

活泼的 ⟷ 清秀的

可爱的 ⟷ 古怪的

3. 从 2 中选出各式排列组合（与自己品牌相关的）填进横轴、
   纵轴，看看自己的品牌和其他品牌属于哪个范畴，将品牌
   名写上。

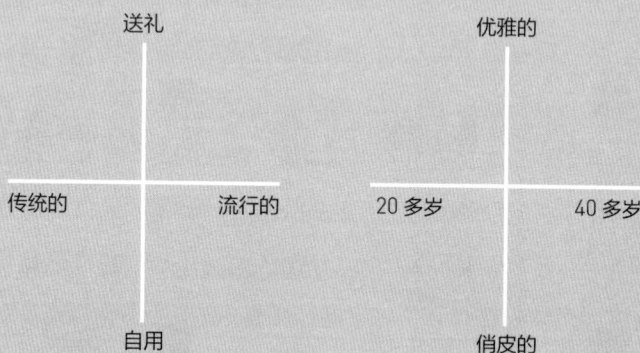

```
           送礼                          优雅的
            │                             │
            │                             │
   传统的 ───┼─── 流行的         20 多岁 ──┼── 40 多岁
            │                             │
            │                             │
           自用                          俏皮的
```

通过变化横轴和纵轴来画图，优点是不仅可以明晰自己的品
牌，同时也可以将其他同风格类型、同商品类别的竞品定位明
确化。

至于矩阵图中的横轴和纵轴项目是什么，并没有一定的规则。

再贵也有人买！
商品构成与定价方法

每个手艺人在经营过程中都不可避免会遇到的一个门槛，就是
"价格"。

起初作品只要能卖出去就很开心，但是渐渐地，你发现再怎么努力，自
己的收益都不多，于是开始有了"我还能继续下去吗？"这样的烦恼。

虽说如此，如果突然涨价，又会担心失去现有的顾客，就连制作作品时
都会忧心忡忡，于是便上网搜寻"提高价格的方法"。你是不是也有这
样的经历？

本章要讲的是，为涨价而苦恼的你，在调整价格之前需要知道的销售基
础知识，以及通过合理调整商品构成来提高销量和单价的方法。

课题 01

要想长久经营这份事业必备的理念

爱做手工的你，肯定曾有过靠手工制品维生或以此为业的梦想。如果把它当作职业，最重要的是如何长久地坚持下去。不只是这个月，还有下个月、下下个月，每个月都必须达到足以维持生计的销售额才行。

这样的话，每个月到底需要达到多少销售额呢？

对于现在已经在销售作品的读者，请把你一个月的销售额，除以顾客每次购买的金额（称为客单价），就能知道你需要有多少顾客才能维生。说得更准确一些，与其看销售额，不如看减掉成本后赚取的毛利。

范例

一个月的销售额	100000 日元	100000 日元
客单价	2000 日元	5000 日元
一个月最低顾客人数	50 人	20 人

从范例中可见，根据销售额确定出的"最低顾客人数"越多，就表示你要制作的作品数量越多。

许多手艺人从制作、宣传到网站更新、发货全靠自己一个人完成。除了制作作品外，还有这么多的杂事要做，真的很耗费精力和体力。

当然，也有些手艺人抱着"只要顾客喜欢就可以"的想法，持续制作低价的作品。虽然单价低，但如果能以量取胜，也不觉得苦，并且本人乐在其中的话，当然也是一件好事。

但如果你觉得持续大量制作作品是一种负担，那么一两个月还能勉强坚持，可若要作为职业长期发展的话，很难有继续下去的动力。

要想将它作为一份职业，要考虑的就不单单是做出便宜、大量的作品，而要有制作单价稍高的作品来保证利润的意识。

销售额	顾客人数 × 客单价 × 购买次数
成本	材料费
经费	人力成本、包装材料费、运费等
毛利	销售额 - 成本 - 经费

课题 02

价格是原材料的三倍?
定价的基础

如何定价是让很多手艺人头疼的问题。

价格是作品是否卖得出去的重要因素。但是,也不是只要便宜就一定卖得好。如果只靠价格吸引顾客,是无法长久经营的。

如果要用我的方法定价,需要回顾在第一章中学到的"人物画像"技巧。请想象你唯一的顾客,他会在哪里买东西?会对什么价位的商品感兴趣?

在杂货店买东西的顾客,和平时在百货商场购物的顾客,对于"贵和便宜"的感知肯定有明显的差距。20多岁的学生和40多岁的职业女性,可以自由支配的零花钱也不同。

所以,想要商品卖出理想价格,思考"要卖给怎样的顾客"这件事是非常重要的。

我在想到新的商机时,一定会先考虑"谁会出更高的价格"。

有人愿意出钱,生意才能够成立,所以我会先考虑人物画像,再据此来制定最合适的价格。

那么你呢?

作品本身固然重要，但制定人物画像，就能筛选出最合适的材料、呈现方式和沟通方式。

(重点)

关于手工制品定价的思考方式
有品牌力的手工制品的价格=作品+价值

作品
材料费：制作作品所使用材料的费用
其他经费：小卡片、衬纸、丝带、包装等的费用

价值
设计品位、原创性、趣味、潮流、投入的心力等

我之所以没有在作品价格中加入与制作相关的"时间成本"，是因为我并不认为手工制品制作时间越长，就能让作品价值越高。

例如，就算是用市面上能直接买到的材料进行组合做出来的手工制品，用不了10分钟就能做出一件，但如果制作者倾注了心力，让作品富有设计感和趣味性，并且包装和小卡片都呈现品牌形象，整体看起来很有个性的话，那么即使价格稍高我也能接受。相反，不管花了多少时间，如果连量产产品都不如的话，我觉得要定出高

价也很困难。

不过我也遇到过将时薪也计算到定价中的情况。以前拜访过的饰品制造商，会将整个制作流程中的机械费统统都加入计算成本。

如上所述，手工品牌其实并没有严格意义上的"正确的定价方式"，有品牌力的手工制品，是可以将作品和价值反映在价格上的。

课题

03

案例 涨价的方法
提升价值的话，
价格也能上涨

A女士是一位在家乡的市集活动中销售口金包的手艺人。以前玩口金包的人不多，市集的商户中只有她一位卖口金包。但如今口金包越来越流行，市集中她两边的摊位都变成卖口金包的商户了，而且价格都比她低。

在这样的竞争环境下，她觉得自己也需要降低价格，于是将里布改成更便宜、更薄的布料，内袋也因为制作耗费工时而省略不做，极力节省成本将价格降低。

结果没想到两边的摊位大卖，她的销售额却一路走低。

对此A女士很苦恼，不知该怎么办才好，我给她以下建议：

由于她的口金包使用的是北欧风格的布料，为了让顾客打开包时会被里布吸引，可以改用颜色鲜艳且有一定厚度的布料，或是把用在LOGO上的动物做成小别针别上去，来提高整体的价值。

原本一心想着节省材料费来降价的A女士，刚听到我的建议时很惊讶，但在听取建议优化产品后，她能切实感受到顾客们对里布的好感度倍增，可爱的小别针也受到了顾客的好评。

因为提升了口金包的价值，凸显了作品的个性，即使涨价也还是有人愿意购买，所以不仅吸引到新粉丝，连回头客也增加了。

虽然材料费和制作时耗费的心力都增加了，但是像手工这种小本生意，无法像大品牌那样通过大批量进货来降低成本从而实现降价。

与其花费精力去想办法降价，不如考虑如何提高商品的价值，你也会更加享受制作的过程。

课题 04

兼顾面向新粉丝的作品和自己真正想卖的作品！

现在应该随处可见"免费试用"的广告吧！

感兴趣的人可以抱着试一试的心态，去申请试用装。

对于品牌而言，要承担试用装的成本，有的网购产品还要承担寄送给顾客的运费，是一项亏本的工程，那为什么还要提供免费试用呢？

会申请试用装的人，基本上是已经注意到这款产品的人。对于品牌而言，这是它的潜在客户，这种行为就像是与未来可能成为顾客的人初次相遇，有了一面之缘。

试用了小样感觉不错的人，就会购买正装。

品牌当然希望顾客一开始就购买他们的正装产品，但是实际上，在面临推销时，犹豫不决的人比爽快下单的人要多得多。

于是品牌就策划出这样一个模式，请顾客试用一下，如果觉得产品不错，再进行购买。

我们可以将免费试用品称为"前端"，真正想卖的商品称为"后端"。

前端是为了让从未接触过该商品的顾客去认识商品，但能够获利、真正想卖的商品是后端，更重要的是，前端是为了后端而存在的。

这种模式也可以套用在手艺人的商品构成中。

例如，你在活动中看到一位手艺人的商品，全部售价 1 万日元。虽然也有购买的冲动，可要干脆付钱的话，还是需要一点勇气。这时你可能会犹豫，最后也可能放弃不买。

那么如果产品线中有 2000~3000 日元，在价格上更容易让人接受的商品，你或许就会觉得："1 万日元有点贵，今天先买个 2000 日元的商品吧！"

2000 日元的这个商品，会成为顾客和手艺人最初的连接点，会引发顾客的兴趣，让他们有"搜索一下这个手艺人网上的其他作品"或是"追踪他下一步的行动"这样的兴趣，这是顾客了解这个作品和这名手艺人的第一步。

为了制造机会，让那些从未接触过你的顾客认识你、记住你，请准备一些价格容易入手的商品。不过，如果所有商品都是容易入手的价格，或是只有这些便宜的商品卖得出去的话，就是商品构成有问题了。

前端是为了后端而存在的，所以在规划产品线时，要注意别让前端商品变成主力商品。

课题

05 制定易于销售的商品构成

在第一章中，我们谈到创意理念和顾客的重要性，了解顾客，就会知道如何安排商品构成。

所谓商业计划，就是明确"我的品牌是这样的品牌，希望卖给这样的顾客，所以要准备这样的商品"。

准备顾客需要的商品是最基本的，不过为了便于销售，也需要考虑商品构成和价格的排列组合。

例如，你的主打商品是手工项链，最初定价在 4000 日元左右。那么，为了让项链更容易卖出，除了 4000 日元左右的商品，你还应该准备一些在它之"下"和之"上"价格的商品，也就是 3000 日元左右和 6000 日元左右的项链。

刚刚好的价格！"金发女孩"效应

大家听过《金发女孩和三只熊》的童话故事吗？

有一天，一位金发女孩来到森林里，发现了棕熊一家三口的家。三只熊都不在家，所以她尝了尝熊妈妈准备好的粥，第一碗太烫，第二碗太凉，第三碗刚刚好！于是她把刚刚好的那碗粥吃光了。吃饱了的女孩，走进卧室想睡一会儿觉。她试着躺在床上，第一张床太硬，第二张床太软，第三张床刚刚好！于是她躺在第三张床上呼呼大睡了起来。

就像这个故事一样，这种活用三个选项，引导顾客选择"刚刚好"的消费心理，被称为"金发女孩"效应。

举个例子，有一家高级日式餐厅，提供松、竹、梅三个价格区间的午餐套餐，顾客一般会选择哪个呢？真实的用餐人数比例大概是"2 : 5 : 3"，选择中间价格"竹"套餐的人最多。这就是"金发女孩"效应。

也就是说，如果你想卖出 4000 日元左右的项链的话，不要只准备同等价位的商品，一定要同时提供 3000 日元左右和 6000 日元左右的项链。

课题

06

收益不均也可以

我们接着就上个课题项链的例子继续探讨。3000 日元左右的项链算是前端销售，就算它卖得再好，收益也不会很高。但如果同时准备了 4000 日元和 6000 日元左右的商品，比起只卖 3000 日元的东西，收益就会大幅提高。

我在担任精品店策划的时候，有进口文创产品的经验。当时想把主打商品的收益定高一些，同时店铺也销售一些收益较低的刚需商品。

小规模店铺的产品分类和手艺人的产品线，我认为构成是一样的。虽说单件商品的收益管理比较重要，但如果每件单品的收益都相同，就会出现定价过高或过低的情况，致使有些商品卖不出去，或者只有低价的商品卖得好，导致出现店主不得不增加低价商品的数量这种状况。

收益不均也可以，重要的是确保热销商品有一定的利润。如何制定热销商品的价格区间和商品构成，可以参考"金发女孩"效应。

收益的范围可以这样考虑

	价格	收益	成本

商品 A

化妆包　　1600 日元 ⟶ **900 日元** ⟶ 700 日元

商品 B

手袋　　5000 日元 ⟶ **3500 日元** ⟶ 1500 日元

商品 C

稍微奢华的手袋　8000 日元 ⟶ **5000 日元** ⟶ 3000 日元

课题 07

如何调涨销售中商品的价格

手工制品的一大特点是"无法量产"。考虑到这样的情况，我们可以通过提升"品牌形象"的价值来实现涨价的目的。针对目前商品定价过低的手艺人，我来谈谈如何调涨销售中商品的价格。

我们偶尔可以看到这样的新闻：因原材料价格上涨或汇率变化，引起商品的大规模涨价。这是比较常见的情况，我也见过因原材料价格上涨而顺势涨价的手艺人。

可在没有原材料涨价和汇率变化等正当理由的情况下，又该怎么办呢？

原本是想帮女儿做一些发圈而开始做羊毛毡发饰的井泽博子女士，在母亲的鼓励下创立了 TABA 这个品牌，同时开了网店。

因为做法都是自学的，刚开始的时候她也对是否能卖出去感到不确定。后来她发现，在所有羊毛毡发饰中，女孩娃娃脸造型的发圈卖得最好，因此，在作品风格确定后，她便把售价提高到 800 日元。

然而，即使她努力提高效率，一个月能做的量也只有 25 个左右，换算成销售额仅有 2 万日元。当供不应求的情况持续一段时间之后，顾客的订单越来越多，她开始感到难以为继的压力。刚好就在这时，她一直使用的手工网络销售平台邀请她出席论坛活动。

在论坛活动中，一些入行更早的前辈们提到他们"把时间、设计、一个个手工制作的附加值都计算在价格中"，这些话深深刻在她的脑海中，于是她的观念发生了改变，如果要以手工为职业的话，她必须要涨价了。

此外，也正因为该平台运营者的鼓励坚定了她的想法，所以在参加完论坛活动的当天，她就付诸行动了。

她将网店所有作品下架，然后在主页写下一篇公告，承诺："为了让顾客更加满意，会努力提升作品水准"，并宣布即将涨价。正如博子女士公告所言，她的发圈提升了女孩脸部的精致度，也下功夫更改了发型、颜色。一周后，定价为2850日元的新商品一售而空。

博子女士在访谈中说道："我自己就是家庭主妇，对价格非常敏感。会有人愿意出比午餐还要贵的价钱买一个胸针吗？以前买我作品的顾客还会继续买吗？想到这些，我就非常担心。不过现在我的观念发生了变化，顾客来买我的作品，我必须更加努力才行。"

博子女士本来就很关注时尚，所以会从美容书或时尚杂志中找寻灵感，现在除了羊毛毡，她还增加了亮片等细致的装饰，并以5000日元左右的价格销售。

TABA·井泽博子女士的作品

以前的作品　　　　现在的作品

课题

08

利用"刚刚好"的效果
进行渐进式涨价

下面介绍一个仅用半年时间，就把价格提高五倍的实例。

经营编织娃娃品牌 Ne-gi 的高桥之子女士，几年前就开始和老家的朋友一起在市集摆摊，当时娃娃的价格都不到 1000 日元，但她做一个至少要花上一个半小时。

来参加市集的顾客，大部分是家里有小孩的妈妈，不管孩子们再怎么喜欢编织娃娃，再怎么不愿意放开娃娃的小手，最后打开钱包购买的人都不是他们。而妈妈们，也会认为作为"小孩的玩具"，1000 日元的编织娃娃似乎有点贵了。

当她有一天发现自己那些无法量产的作品，并不适合低价销售时，她下定决心，要做出让顾客更加满意的作品。

只是，不管再怎么认真仔细制作作品，再怎么合理定价，如果顾客不变，他们依旧不会购买。

之子女士于是决定要改变客户群。

自己最希望什么样的顾客来买编织娃娃呢？在经历一番思考之后，她决定制作、销售"成熟女性想要收集的具有故事性的编织娃娃"。

她不再参加当地市集，博客也更名为"为大人编织的幻想物语"，把作品发布在社交平台，用推特和脸书吸引可能会喜欢她作品的人，然后在网店销售。

起初 1000 日元也没卖出去的编织娃娃，在更换客户群之后，可以卖到 2500 日元。

不过她一个月能制作的作品数量并没有发生变化，所以要增加销售额，必须提高单价。于是我建议她，不妨利用"金发女孩"效应，将价格逐渐上调。

例如，如果要把平均价格提高到 3000 日元，可以先准备 1 个 2500 日元的娃娃。再准备 2 个 2800 日元和 2 个 3000 日元的娃娃，作为"刚刚好"价格区间的商品。另外还需要更贵的商品，所以 3200 日元的娃娃也准备 2 个。

重点在于增加你想销售的商品的数量，以及设定价格区间，为顾客提供更高价的选项。

这里之所以把"刚刚好"的商品分别定价为 2800 日元和 3000 日元，是因为这二者给人的印象不同，为了观察顾客的反应，特意准备了这样两种价格。

如果这个月都能顺利卖出，下个月就不再出售 2500 日元的商品了，而是提供 2 个 2800 日元、2 个 3000 日元、2 个 3200 日元和 2 个 3500 日元的商品。如果继续顺利卖出，就不再出售 2800 日元的商品，以此类推，逐渐实现涨价。

利用这个方法，现在之子女士的作品都是 3800 日元起步，贵的甚至可以卖到 12000 日元。

当然，她改变的不只是作品本身的设计和品质，商品包装和快递盒子也进行了优化。为了贴合"幻想故事"的主题，她选用了具有怀旧气息的深蓝色标签贴在盒子上，像书的封面一样，以维持"品牌形象"的一致性。

另外，之子女士在改变创意理念时，也将写着"故事"的卡片和编织娃娃一起放进盒子里，变成附加价值之一。这些"故事"得到顾客的称赞和好评，现在她甚至还在小说网站"星空文库"连载这些以编织娃娃为主角的短篇故事。

Ne-gi·高桥之子女士的作品和短篇故事

对顾客直接作出承诺和说明，然后统一涨价的方法和利用"金发女孩"效应渐进式涨价的方法，哪种更适合你呢？

如果你已经具有一定的知名度，拥有"提到你就会想到这个！"的代表性作品，那么我建议使用前者：直接对顾客传达出涨价的信息。

如果你的作品涵盖的品种较多，想要全体涨价的话，用后者的方法涨价会比较自然。

课题

09

如何提高销售额

接下来要跟大家谈谈，对于已经达成自己目标销售额的手艺人，还想完成更高目标的话要怎么做。

让我们回到一开始的概念，什么是销售额？

销售额是顾客人数、客单价和回购次数三者相乘的结果。

销售额 = 顾客人数 × 客单价 × 回购次数

要想销售额达到之前的 2 倍，并不需要顾客人数、客单价、回购次数全都变成 2 倍。例如，在网店按照一个月上新一次的频率更新作品的手艺人，有 10 位顾客购买，每次每人花费 3000 日元，平均购买 1 次。

销售额：10 人 × 3000 日元 × 1 次 = 3 万日元

这位手艺人想要提高销售额，可以尝试增加销售次数、提供单价更高的商品或是增加顾客人数……

销售额：12 人 × 3500 日元 × 2 次 = 84000 日元

像这样，只要每个部分都增加一点，就可以实现 2 倍的销售额。

要想提高销售额，就必须从这三个部分入手，制定出相应的对策并付诸实施。

课题 10

增加顾客人数的方法①
拓展销售渠道

要想增加顾客人数，我有两个建议。

第一个方法是拓展销售渠道。

如果原来只在网络平台销售，那么现在可以试着挑战一下在实体店销售或参加展会活动销售，不局限于参加某个市集，可以多跑几个市集。

当然，根据实际情况，你可能需要花费更多的精力确保库存充足。

另外，在店铺委托销售的话还需要扣掉成交额 20%~60% 的委托佣金，所以定出能确保利润的价格也是非常重要的。

所以你需要做出有一定价值的作品，让它的售价即使加上了佣金等费用也能卖出去，保证不管在哪个渠道销售都能盈利。

此外，通过拓展销售渠道，可以在主要销售渠道无以为继的情况下规避风险。如果你现在的销售渠道单一，那么请尝试拓展多种销售渠道吧。

※ 什么是委托销售？
　　指的是手艺人委托其他的实体商店或网店代为销售自己所经营的商品的方法。销售金额由被委托方扣掉佣金后支付给手艺人。

在委托销售之前要掌握的定价方法

（以批发价为零售价的 60%，委托手续费占 40% 来计算）

材料费：假设为 500 日元，想要确保 700 日元的利润

500 日元 + 700 日元 =1200 日元

1200 日元 ÷ 0.6=2000 日元→零售价

※ 如果用 500 日元 +700 日元 =1200 日元的价格销售的话，会剩下
1200 日元 X0.6=720 日元，扣掉材料费就只剩下 220 日元了。

※ 不管是委托销售，还是自己参加活动进行销售，或是网络平台销售，
同一件商品的价格要一致。

委托销售的优点和注意事项

优点：

· 可以请人代替自己进行销售

· 可以让更多的顾客有机会接触到商品实物

· 可以让作品发布在委托店铺的社交平台和博客等不是由自己
打理的社交平台上

注意事项：

· 需要支付委托佣金（因店铺而异）

· 有时需要承担运费、交易手续费等费用

· 作品与该店铺顾客群的匹配度会影响销售状况

很多手艺人会因为委托佣金昂贵而对这种方式望而却步，实际上委托销售的好处有很多。

通过在自己没有涉猎的场所销售，邂逅新的顾客，或者在与店铺的交流中迸发出充满魅力的新作品灵感，这些都有实实在在的例子。

我之前策划过的一家店铺，顾客群中有很多女演员、造型师、电视或杂志媒体从业者。这些顾客看到手艺人的作品，会当成私物介绍给大家，或是在节目中提及，手艺人的作品因此受到关注而走红，这样的例子比比皆是。

我曾见过一位不擅长使用电子设备的热销手艺人，原本完全没有开拓线上平台销售以及推广的业务，但是由于委托销售店铺的店员会代替她将作品发布在网上进行宣传，让她可以专注于最喜欢的作品创作和制作上，对此她感到非常庆幸。

能够专注在自己擅长的事情上，对很多手艺人来说都有很大的益处。

现在许多店铺都在销售手工制品，所以我也听过一些交了作品却没被店铺陈列，或是店铺突然关闭之类的纠纷。

所以，为了和店铺建立良好关系、实现共赢，我整理出了在寻找委托店铺时需要注意的三个要点。

在寻找适合自己的委托店铺时需确认的要点

1. 符合自己的创意理念

与店铺顾客很合拍的话，容易拉动销售。

2. 与店铺其他手艺人的品位和价格区间相仿

如果其他手艺人的定价比较便宜，可能会造成你的作品卖不出去。即使创意理念符合，价格相差过大，也是不行的。

3. 活用网络资源

现在很多店铺会在网上进行宣传，看看他们是怎样发布信息，又是怎样介绍手艺人作品的。

对于店铺的具体情况，如果不去实地考察的话恐怕很难全面了解。如果离得近，请务必亲自去一次，确认下店内的商品陈列、待客方式，有机会可以和老板聊一聊，包括氛围、品位等方面，和老板合拍也是很重要的一点。

如果店铺距离太远不方便直接过去的话，那么可以看看店铺的社交平台都发布什么内容，是否积极举办活动，有哪些手艺人参加过他们的活动等，据此来事先确认店铺的经营状况。

以我的经验来说，店铺的店员会尽力推广商品，会认真地告诉店里的顾客这些作品有什么特色，让顾客感动、喜爱，从而购买，同时也会传达顾客的心声给手艺人，让作者能积极的回应。

在带动销售额这一点上，店铺和手艺人的目标是一致的。因此双方如果能够积极沟通，就能构建长久而良好的关系。

所以关键最终还是回归到人与人的关系上。在沟通的时候，请大家要记得按照做生意的规则和礼节进行来往。

重点

寻找委托销售店铺的注意点

错误做法

· 不事先预约就到店里洽谈

· 用复制粘贴的邮件和不同店铺洽谈

· 只顾确认交易条件

交货时能让对方高兴的做法

· 向店铺提供一些接待顾客时可以介绍和传达的资料，包括
作品的主题、材质（如果用到有年份的东西，可以说明发
现它时的心情和背后的小故事等），完成作品时的心情，
作品的保养方法等。手写也可以，尽可能多地提供一些
信息。

决定合作时一定要确认以下内容！

□ 销售形式（委托销售还是买断产品）

□ 委托销售的佣金比例

□ 付款条件（银行汇款的情况下，手续费由哪一方承担？付款是否为月结？）

□ 付款周期（截止日、付款日）

□ 瑕疵品处理方式（谁来负责售后？退换货产生的运费由谁承担？）

□ 商品损坏、丢失等情况下的处理方式（有赔偿或其他保障吗？）

□ 运费（日常的发货和退换货的运费由谁承担？）

□ 委托销售期限（是否有固定期限？）

一般的店铺都会准备委托销售合同或销售授权委托书，但如果对方什么都没有准备的话，请一定用电子邮件这种能留下记录的方式进行沟通，如果对方在沟通阶段就出现没有明确答复等含糊应对的现象，那这家店就需要特别提防了。

课题

11

增加顾客人数的方法②
促销活动

增加顾客人数的第二个方法是促销活动。

超市或百货商场等零售店为了招揽顾客，一般最常用的方法就是降价促销，但是对于手艺人来说，不太建议用这种方法。

虽说如此，还是有人会在大型活动时，给现场购买商品的顾客提供小幅度特价优惠，或推出限定三天或一周的优惠活动。让原来就在社交平台上看过作品、想要购买的潜在顾客，在看到难得的特价时决定购买。只要有过一次购买经验，以后要他们再次消费就不难了。

对降价有抵触的手艺人，我会建议他们用附赠小礼物或是玩游戏获得纪念品的方式策划促销活动。

在第44页介绍过的旗手爱女士就办过这样的促销，让现场购买商品的顾客抽签，奖品有下次购物的折扣券或小糖果等，顾客们参加这样的活动都很高兴。

我想，顾客和手艺人可以同乐，这或许就是促销活动的魅力。

不过这样的促销活动不要长期举办，而要限定场所、时间、数量、金额等。加强"只在这里""只有现在""只有几个"的特别感，才会真正对增加顾客人数起到加分的作用。

课题

12

案例 增加顾客人数

通过拓展销售渠道
实现销量增加

以百货商场和知名商场为销售中心的 B 女士，经营着自己的饰品品牌。起初她是将基于兴趣所制作的饰品放在网络销售平台 Creema 和手作市集上销售。

刚开始 B 女士的销售额只有 3 万日元左右。本来只是觉得朝九晚五的生活太无聊，想着把参加活动当作一种消遣，但却没想到借着活动的契机，她受到了热门精品店的垂青，邀请她在精品店里销售商品。由于那家精品店会定期在百货商场出售商品，B 女士作为委托销售的一员，也得到了在百货商场销售商品的机会。

不过，当时 B 女士制作饰品只是兴趣，选用的都是便宜的材料，价格也就差不多与材料费持平而已。她考虑到在百货商场销售时，还要交纳委托销售的佣金等，就改变策略，选用更高档的材料，成为即使扣掉佣金也还有利润空间的品牌。

由于在百货商场销售，品牌印象和价格都提升了，也因为拓展了销售渠道，原来在市集和网络销售平台的顾客也会到百货商场购买。

B 女士现在每个月的平均销售额已经达到 60 万日元，据说销量好的时候，两个星期的活动就能卖出 600 多件商品。

课题 13

提高顾客购买单价的方法

要想提高顾客的购买单价，必须做三件事。

第一件事是在"金发女孩"效应（p.101）中提过的，请备齐比平均单价高的商品。可能有人会说"没做过"或是"没卖过"，但不管怎样，先挑战看看吧！

没有被否定，却主观认定自己没办法做出比目前的价格区间更贵的作品，这样的案例真的很常见。

我也经常收到手艺人的反馈：实际挑战之后，作品很快就卖出去了！

所以，在否定自己前请先试着挑战一下，准备一些比目前价值更高、定价更贵的作品。

第二件事是把关联的作品按系列进行陈列，清楚地呈现给顾客。

例如，准备与耳环配套的手链或项链。不能只销售单品，预先配齐全套商品，对提升客单价有帮助。

重要的是让顾客清楚知道"还有配套商品"这件事。如果是举办特别活动，就要清楚地将这一信息传递给顾客。

但如果把太多商品配成一套，顾客也有可能由于价格过高而犹豫不决，最后反而不买了。这时请参考三只熊的童话故事，给顾客看作品的时候，一次不要超过三个。

第三件事是不要错过能调涨单价的时机。

日本的文创杂货领域有一个绝对可以让销售额暴增的月份——十二月。十二月是日本人领年终奖的月份，这个月的圣诞节也是互赠礼物的好时机，所以高价的商品比较容易卖出，销量也比其他月份要多。因为顾客一方面想着要买礼物送人，另一方面也想犒劳自己。

因为这个月有机会卖出平时好几个月才能卖出的商品，你可以从前几个月就计划好要卖什么、定什么价格、备多少货，提前做好准备，这样就有可能抓住十二月的商机，实现全年最高销售额。

根据作品的不同类别，还有除了十二月以外的利于销售的时机。

如果你制作的是幼儿园入园、小学入学的相关作品，那么最好在开学前一两个月就将类别或套装定好，标好价格，提供给顾客选择。

如果你制作的是园艺用品等与花草有关的杂货，那么母亲节、圣诞节、情人节等任何有喜庆节日的月份就是有利于提高客单价的时机。

重要的是，先想好顾客在什么时候会需要你的手工制品，然后留出一两个月的时间准备，并在社交平台上积极宣传预售。

手工制作

章节

3

如何吸引粉丝，
留住回头客

前面提到，创造销售的要素是"顾客人数、客单价和回购次数"。

本章将介绍第三个要素：增加回购次数，吸引粉丝。

支撑热销手艺人销售额的，比起新顾客，倒不如说是多次购买的老顾客。因为多次回购商品，所以也可以称他们为某位手艺人的粉丝。那么接下来就让我来介绍热销手艺人是如何吸引粉丝的。

课题

01

在收到商品的瞬间，
就想再次跟你买东西！

我每周都会在网上买一两次东西，多是生活必需品或食品，也经常会在喜欢的店铺买一些小东西。

大家在网上下单后，等待东西送达的心情可以用牵肠挂肚来形容了，等到快递终于到手，开箱的过程也是十分忐忑的。如果拆开一看，发现东西比预想的还要棒，心情会瞬间"起飞"！

在这种情况下，如果看到盒子里放了店铺的商品目录和新作品资讯，你会怎么做？

没错！你会马上打开，想想下次要买什么。

其实，大家在第一次购物时，心里就已经开始准备下一次要买什么了。一旦买了一次，第二次、第三次在同一家店铺购买的心理障碍就会消除，变得更愿意下单。

擅长制造回头客的电商公司一定做了这些工作，新商品目录、与顾客分享制作花絮的小视频、新作品资讯等，这些都是让顾客与你更进一步的好工具。

介绍你为何成为手艺人的折页宣传册、作品的制作花絮、会参加的市集活动等，记得准备这些能够帮助顾客认识你的工具。

商品送达时，能感动顾客促成再次购物的物品

·商品目录

固定商品和每季新作品的商品目录。

由于承担着促成再次购买的任务，所以作品照片、尺寸、价格、可以在哪里购买等信息必须写清楚。

·折页宣传册

为了让对方了解你的品牌，记得把必要的信息写上去。

创立品牌的契机及理念、有什么特色、可以在哪里购买等，这些都是促成顾客再次购买的好工具。

·小海报

把你目前正在制作的作品、喜欢的东西等手工活动的日常整理成一张 A4 大小的小海报，这样可以传达你制作背景的信息，有利于吸引粉丝。

·DM广告

如果近期要举办活动或者个展，就把这个信息也放进去吧。

·礼物

有些手艺人会把作品照片制成明信片赠予顾客，如果明信片设计得很漂亮，说不定还可以拿来装饰房间，这样顾客每次看到都会想起你。

切记，附加的这些物品也一定要有你的"品牌形象"！

课题 02

利用社交平台吸引粉丝！

最近的手艺人几乎都很会利用社交平台。

不过也有很多人感到苦恼，就算定期更新内容，还是招揽不到顾客，要么就是在网络上花费了大量时间，几乎没有时间制作作品了！

由于经常听见有人说利用社交平台可以招揽顾客、带动销售，导致大家误以为只要用了就会有效果，其实如果没有正确理解它的角色定位和使用方法，这二者就会沦为"让你更忙"的工具。

所以请灵活地运用它们来增加粉丝和回头客吧！

热门社交平台

推特（Twitter）

· 用照片和文字联系

· 发布、更新即时状况

· 评论 / 点赞 / 转发 /# 话题标签

· 文字与照片很重要！

INS（Instgram）

· 用照片和话题（#）联系

· 评论 / 点赞 / 分享 /# 话题标签

· 比起文字，照片和话题标签更重要！

脸书（Facebook）

· 用朋友的朋友关系来联系

· 加好友 / 关注

· 评论 / 点赞 / 分享

· 重要的是你和谁是好友！

微信（中国大陆使用）

· 用人脉关系联系

· 通过微信号添加好友

· 朋友圈评论 / 点赞

· 搭建私域社群

· 提升社群活跃度非常重要！

微博（中国大陆使用）

· 用照片和文字联系

· 分享简短的实时信息

· 转发 / 评论 / 点赞 /# 话题标签

· 在粉丝群和超话里找到组织

课题

03

如何利用不同的社交平台？

我曾经帮某位手艺人在东京的展销会上出售她的作品，因为她本人无法出席。现场来了一位自称是这位手艺人粉丝的顾客，买下了一个近 3 万日元的手袋。

我问那位顾客："您是怎么知道这位手艺人的呢？"她告诉我："我看了她在 INS 上的作品照片，觉得很喜欢。"得知东京有她的展销会，就专程跑一趟来买她的手袋。

虽然我每天都在脸书上和那位手艺人互相点赞、留言，但显然这位顾客比我更熟悉她每天经历了什么事、她养的猫及手工活动的情况。

社交平台的特点，是可以通过每天更新，让作品和名字更容易被记住。另外，社交平台基本上可以看到的是"此刻发出的信息"，因此可以借此发布现在进行中的活动、销售信息等内容来吸引顾客。

不过，我也听说过有位曾在社交平台上广受欢迎的手艺人，有一阵子停止更新，顾客就大幅度减少。网络平台虽然有即时的效应，同时也意味着被覆盖掉的速度非常快。想让顾客更加了解你，请持续在社交平台更新作品吧！

社交平台的使用诀窍

1. 填写个人资料

成为手艺人的理由、制作理念、坚持的原则、使用的原料或工具等，这些是帮助大家认识你的重要信息，记得要写进个人资料里。

2. 增加粉丝

如果是新注册的账号，想增加粉丝，你必须先关注别人或是去评论留言。先以一百人为目标，自己先开始关注别人吧。

3. 进行沟通

社交平台是一种沟通工具。对于支持我们的人，对他说声"谢谢！"看到好的作品，多多点赞，或是留下评论。只有乐于这样的沟通，才能为未来埋下种子。

4. 必须有美丽的照片

在自然光下摄影，或是精心布置背景等，照片也是展现手艺人品位的一部分，同时请注意作品和照片的印象要保持一致！

5. 重视每一次发布

你在发布什么信息？在哪里做什么？这个时代只要鼠标的一

次点击，就可以知道这些信息。有时候仅一句抱怨或坏话，就会决定你的形象。所以随时注意让别人能自在舒服地接收你的信息，是很重要的。

如何拍出能增加粉丝的照片

对于不擅长写文章的人，能够开心经营的应该就是以发布照片为主的 INS 了。我们请到目前 INS 粉丝超过 5 万人的尾山花菜子（cocotte）女士（详细介绍请见第 12 页）来教大家能增加粉丝的照片应该注意什么。

1. 有意识地选择相机和拍摄时间

想增加粉丝，漂亮的照片是必要条件。以前花菜子女士用智能手机拍摄，现在用无反光镜微单相机拍摄。为了拍出更美的照片，她还会有意识地选在自然光柔和的上午或下午两三点钟进行拍摄。

2. 作品与照片印象一致

花菜子女士认为自己的作品是可爱童话的风格，与 INS 提供的成熟复古感的滤镜不搭，于是会先用 LINE camera（一款照片编辑软件）进行调色加工，把拍好的照片修成轻松活泼的印象。为了让照片符合作品印象，也要选用不同的滤镜 APP。

3. 注意背景、角度和配色

如果都在同一场所进行拍摄，那么背景和角度就会都一样。花菜子女士会试着更换拍摄场地或是稍微变化一下背景，来避免一成不变的感觉。

4. 活用小视频

如果你在烦恼粉丝数遇到了停滞期，那么不妨参考一下受欢迎的 INS 用户是怎么做的。花菜子女士注意到一些会发布小视频的用户，把制作过程、作品的闪光点、摇动时发出的沙沙声，都通过小视频来展现。最近，她也用直播的方式和大家分享工作室的动态。

尾山花菜子女士的 INS

课题 04

在网络销售平台中吸引粉丝的四个要点

网络销售平台的出现，使过去各种基于兴趣而产生的作品，现在被赋予价值而成为商品。有不少热销手艺人有这样的感受：依靠平台，销售额在短时间内就能得到很大提升，甚至产生了"平台让我的人生不一样了"这样的感触。

网络销售平台正是实现梦想的舞台！不管你是刚入门的新手，还是不知道作品该售往何处的手艺人，借由平台都得到了销售的机会。

属于这些梦想舞台之一的 minne，目前活跃用户有 33 万人。或许有人会担心："在这么多用户、这么多作品中，我的作品是不是会被淹没而没人看得到？"其实在 minne，有专人每天检索不同类别的作品，寻找可以介绍或宣传给顾客的手艺人。

为了保证推荐商品不偏向于某一类别，他们尽量从各个类别来挑选商品，不过让人注目的作品还是和顾客的感觉一样，是那些拍出漂亮的照片、个人资料吸引人、会定期上传当季新作品的手艺人——也就是那些看起来大家都在做，但其实没有多少人真正"做到"的事。如果想在手工网络销售平台上脱颖而出，就必须在这些事项上下功夫。

minne上的手艺人年龄范围很广，作品类型也很丰富，涵盖了小型家具和室内装饰品，它正逐渐变成能够提供衣食住行的生活类网络平台。你的作品或许能成为让人生活更丰富的物品之一呢！

(重点)

minne销售总监青木女士谈吸引粉丝的四个要点

1. 第一印象靠照片

对于无法看到实物的网络购物而言，摄影技巧是不可或缺的，最好是利用自然光摄影。如果是服装类商品还要让人看得出尺寸，所以试穿照是非常重要的。将顾客想知道的信息融入照片里是第一个要点。

2. 是谁制作的也很重要

很多顾客不会只看作品，也会关注到手艺人的自我介绍。青木女士说，她在选择要特别推荐的作品时，一定会先确认手艺人的个人资料和简介。详细写出作品的构思、材料的选择或是活动信息等，能让人更加了解这位手艺人的内容，自然就容易吸引到更多粉丝。

3. 定期上新

热销手艺人通常会定期上传新作品，更新频率高的手艺人每天都会上新作品，频率低的也至少一两周一次。要想吸引粉丝，就必须花心思让顾客看不腻。

4. 为了持续经营下去，要在定价上有自信

在网上常看到一些定价保守的手工产品。谦虚固然重要，但就顾客的心理而言，太便宜反而会产生不安。青木女士说，正是因为用心做出的作品，也为了能继续创作下去，希望大家可以拿出自信来定价。

日本手工网络销售平台minne

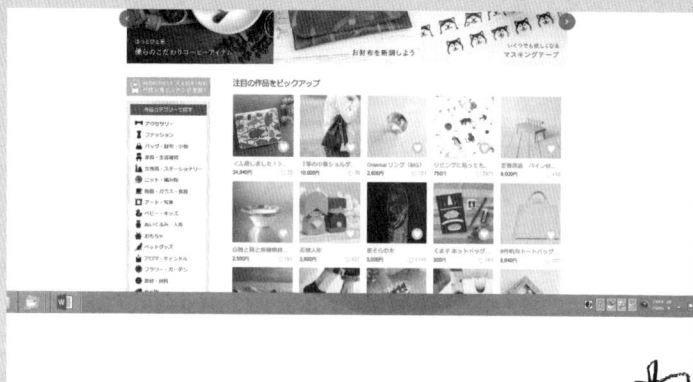

课题

05

活用订阅功能增加活动中的销量

如果是很喜欢你的顾客，会希望第一时间了解到新作品什么时候发售、在哪里可以购买等信息。

当然，你可以在网上直接发布这些信息，不过，要想更切实迅速地将这些信息完整地传递出去，最好可以利用类似于电子杂志或 LINE@ 这样的工具群发给用户。目前，有很多社交平台也增加了订阅功能，可以给订阅账号的粉丝批量发送图片或文章内容。

随着智能手机的普及，大家了解信息的媒介已经不是家里的计算机而是手机了。对你的粉丝来说也是如此，如果能第一时间从手机收到最新信息，是非常开心的事情！

所以请好好利用这些功能，定期发送信息吧。

什么是LINE@？

指 LINE@ 账号，与个人使用的 LINE 账号不同，你可以一次性将信息群发给所有关注你 LINE@ 账号的粉丝。❶

---

❶ LINE 和 LINE@ 与我国的微信，微信公众号使用功能较为相似。
——译者注

135

用羊毛毡制作原创角色已经 13 年的 NOKONOKO 女士，真名是泷口园子。她在业内非常有名，2016 年出版了著作《用羊毛毡制做圆滚滚的小鸟》。

园子女士的销售渠道主要是参加市集活动，场次多的时候，一年高达 11 次。

她利用自己的个人网站、脸书、推特、INS，再加上电子杂志和 LINE@，来告知顾客活动计划和分享创作信息。

泷口园子女士通过LINE@发布的
可爱图片和手机壁纸

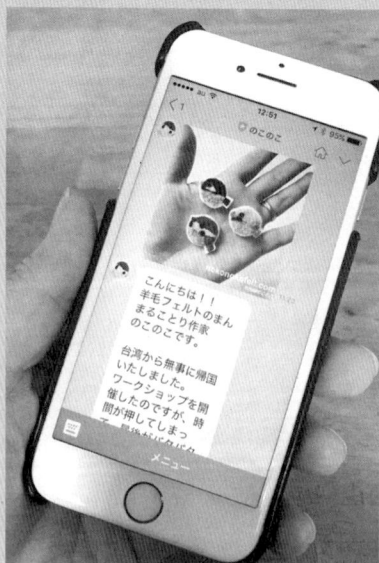

课题

06

周年庆是顾客与你的庆典

你记得自己的品牌创立日是哪一天吗？

这一天也是你的品牌生日。接下来我们要介绍一个在周年庆出售限定纪念商品的成功案例。

作为 kabott 品牌的经营者，川角章子女士累积了 17 年的手工活动经验，她的品牌创意理念是"为爱做梦的女性设计童话般的包袋 & 杂货"。为了感谢一直以来支持自己的顾客，她在 3 年前开始举办周年庆活动。

其中最让人印象深刻的是 16 周年的那一次活动。她一改往年的赠品策划，在数字"16"上做文章，制作了与星星、星座相关的包袋。在确定主题的时候，她希望能找到既有特色，又能体现品牌风格的东西，最终从"天鹅座 16 号星"得到灵感，决定要做天鹅包。天鹅包一共限量 16 个，定价为 22222 日元，因为这个数字看起来像天鹅在游泳。她把自己的坚持和小心思都表现在周年纪念的"数字"和"主题"中，也因为自己乐在其中，希望顾客也能感受到这份快乐与期待，她一点点地将信息发布在社交平台上。这是她第一次制作星座主题的包袋，低调沉稳的配色和设计得到了很高的评价，不到一天，限量的 16 个天鹅包就售空了。

"办周年庆让老顾客们很开心，有些隔了好一阵没有购买的顾客这次也爽快下单了，还有一些知道我品牌的顾客抱着留个纪念的想法，第一次购买了我的作品，这些都让我很高兴。"川角女士在采访中说到。

利用周年庆的相关数字做一些限量商品或赠品，我想你也一定很擅长。记得将相关信息在社交平台上发布，提前预热。

周年庆是一年一次的特殊日子。除了打折和抽奖这种常规的活动，试试看用特别的价格提供特别的物品吧。我想，顾客也一定非常开心可以和你一起庆祝品牌的生日。

kabott·川角章子女士的作品

课题

07

广泛收集顾客的心声

　　准备在一家新发现的网店下单买东西时，大家都会先看评价，我最近也养成了买东西前先看评价的习惯。作为顾客都会有"不想买亏上当"的心理。

　　正因如此，要让顾客觉得"在这家店购物很安心"，由店铺来传递"广受顾客好评"的信息是非常重要的。

　　那么，如何收集顾客的心声呢？

　　如果是面对面的销售，可以直接询问顾客的意见。如果是网络销售，就必须麻烦顾客写出来。

　　让我们想想，怎样可以让顾客愿意写下评价呢？

　　如果你是买家，在网上买东西，什么时候心情最激动呢？没错！收到快递，拆开包裹的那一瞬间，顾客的快乐达到峰值。所以我们要把握住这个时刻，让他们留下"五星"好评。

　　在快递运送期间，发一个信息询问"请问商品平安送达了吗？"顺便也建议顾客留下评价。

　　也可以在包装中放入宣传单，最后加上一句"您的评价会带给我莫大的鼓励"。对于想要支持你的顾客而言，应该会欣然为你写下感想的。

从顾客那里得到一句珍贵的评价，会是拉近你与顾客距离的珍宝。

仔细想一想怎样才能让顾客自愿留下评价，并将这些评价好好地收集起来！

(重点)

收集顾客评价的错误做法

× 为了收集意见和建议频繁联络

多次联络会造成顾客的困扰，请不要带给顾客纠缠不休的感觉。

× 未经允许就将评价摘取到社交平台上

想截取一部分评价粘贴到社交平台上，请务必先取得顾客的同意，请注意不要暴露顾客的隐私，最好是附上你想呈现的效果并清楚地告知对方。

章 节

4

手艺人的成功意识和活动推广

不只是手工，任何工作做久了都会有瓶颈期：

一直以来都很顺利，最近销售额却在下降；知名度变高很开心，但开始有人模仿我的作品；灵感枯竭导致创作举步维艰；很开心作品可以畅销，但是无法再增加产量了……

本章我们来谈谈在遇到这样的情况时，我们如何调整自己的心态，让自己可以更开心地继续从事自己喜爱的手工工作。另外，要提升活动层次、让自己更上一层楼的必要条件又是什么？

课题
01

在增加顾客前需要做的事

我从做店铺策划时就开始和手艺人有来往，前前后后算起来也有15年的光景了。在这些经验中，我观察到，能长时间活跃的热销手艺人是有共同点的。

首先必备的就是"决心"。

抱着"以手艺人的身份维生"这种决心的人，会非常投入地工作，积极听取他人的意见，并经过自己的思考做出调试，最后往往能做出一番成果。

任何工作都一样，下定决心的人，不会用半吊子的态度来工作。

很多人除了做手工，还有本职工作，或是要操持家庭，即便如此，他们还是会合理地规划好日程和目标，遵守交货期。那么是不是所有这样做的手艺人都发展得很顺利，答案是未必。

作品没有以前畅销了，粉丝流失严重，遭到恶意差评……现实中会发生各种让人心情沮丧的事。特别是当作品不再好卖，很多人容易犯的错误就是拼命招揽顾客，改变以往的作品风格，或是想得过于简单，认为"只要跟风就会畅销"，然后抓着新的社交软件不放。

这个时候最重要的就是"决心"。

碰壁的时候，不应该只想着用简单的方法解决，最应该做的是

"改变自己的想法"。

如果你没有坚持下去的决心，那么再怎么去接近新顾客，吸引回头客，改变风格，还是会落入和以往一样的境地。

所以，你能秉持专业的精神和决心走向下一个关卡吗？

继续手工活动的必要条件，请按照优先顺序排列

1. 吸引新顾客

2. 留住回头客

3. 建立日程表并实施

4. 再次确认顾客画像和价值

5. 现状分析

6. 明确任务目标

7. 改变自己的想法

我的答案

1. 改变自己的想法

2. 明确任务目标

3. 现状分析

4. 再次确认顾客画像和价值

5. 建立日程表并实施

6. 留住回头客

7. 吸引新顾客

课题 02

把握自己能投入的时间！

将手工作为职业的话，意味着每个月都要有利润，才能维持生计。不然就算偶尔某个月销售额不错，但下个月、下下个月都没有利润的话，也难以维持下去。

因此，我们有必要树立目标，让每个月都盈利。

树立目标时，有的人会制订出不合理的计划。这是在你没有掌握自己一天、一周、一个月到底能花多少时间在手工工作中而容易犯下的错误。

例如，你需要照顾家人，同时还有一份全职工作，并且有双休，那么你在工作日能花在手工上的时间应该不多，早晚最多可以挤出两三个小时的时间。所以预先估算出周末集中工作时可以完成的进度，再来设定目标，这样就可以避免因目标过高屡屡完不成而心灰意冷。

你也可以考虑平时着重于社交平台的更新及手工材料的准备，周末则集中时间进行制作，将不同的内容安排在日程表中，就可以制订出合理的目标。

当目标没有达到时，不能简单归结于没有干劲或是决心毅力不足，时间对每个人来说都是有限的，不妨检查一下之前定的目标是否太过严苛？请你一定要先把握好自己能掌控的时间，然后再树立合理的目标。

(重点)

试着规划你的一天。
今天要做什么呢？

重要度
高

3. 不紧急但重要
例：学摄影
→将来有时间再做

1. 紧急且重要
例：明天是交货日！今天之内必须把作品完成，写快递单，将作品寄出！
→最优先

紧急度
高

低

4. 既不紧急也不重要
例：看电视、看漫画
→这样的日程要舍弃掉

2. 紧急但不重要
例：帮父母预约旅游行程、幼儿园老师布置的亲子作业
→可以拜托别人来做吗？是不是必须这个时间做？

低

为了有效利用时间，必须舍弃"4"中的事项。为了不让"2"变成"现在非做不可的事"，有必要做好时间管理。如果不一定非要自己去做就交给别人吧！这也是提高时间利用率的重要手段。像"3"这种"现在不做也可以"的事，很容易一直拖延下去，但为了长远考虑还是需要挤出时间。建议可以从每天抽出 10 分钟给"3"开始做起。

课题
03

手艺人一定要懂的
时间和健康管理！

　　我开办的文创杂货工作室有个"快乐手作★研习会"的活动，每月给大家提供一个对手艺人事业有帮助的线上视频讲座，讲座会邀请有名的手艺人来担任讲师。

　　在日本千叶县八千代市自家开办花艺教室 Fleur de saisons 的手艺人武田美保女士，曾在讲座中提到工作中一定要注意的两点，就是时间管理和健康管理。

　　工作一定要有交货期，就算突然孩子生病或是制作工具出了故障，也必须按照定好的交货期交货，这才是专业做法。

　　材料准备、构思设计、制作、发货，算出各部分需要的时间，然后制定出按时交货的日程表。

　　同时，美保女士还担任花艺讲师，一旦她的身体出状况，很难找到可以替代她的人。所以，为了不给满怀期待前来上课的学生带来困扰，她非常注重健康管理，平日里经常运动，摒弃不健康的生活方式。

　　为了按时交货，必须做好时间管理；为了保持良好的工作状态，必须做好健康管理。

课题

04

创作欲下降，
做不出东西……
不想创作……

手艺人前来咨询的常见问题之一，是"创作欲下降，做不出东西怎么办？"

做不出东西，自然就无法销售，这是作为创作者非常大的困扰。不过首先想请大家仔细思考一下，为什么创作欲会下降呢？

创作欲降低的原因，多为长期睡眠不足造成的身体疲累，或是看到其他的手艺人精力充沛地开展各种活动而自己心有余而力不足，因为各种比较而产生的落差。也就是说，原因似乎都出在自己的身心问题上。

谁都有创作欲高涨的时候，也会有创作欲下降减退的时候。遇到后者，要仔细确认自己的状态，分析原因，然后采取一些行动将动力提升。

在疲劳、睡眠不足的情况下，我也会没有干劲。这时候就要早点休息，保证充足的睡眠时间。

和他人比较产生落差时，有意识地告诫自己"别人是别人，自己是自己"，将注意力转移到顾客身上，你也有很多很多只要买到你的作品，就会展现笑容的顾客。

为了这些顾客，你最应该做的就是潜心打磨自己的作品！不要总想着其他人，多想想你的顾客吧。

某位热销手艺人，每个月都在相同的销售渠道上卖相同的作品，导致创作欲下降，那时她甚至对如此繁忙的手工生活疲惫得想要逃跑。

就在这时，她有缘参加了我的研讨会，我顺势也邀请她参加了东京精品店的展销，还请她制作不同于以往的风格，更加成熟一点的作品。

虽然她是个很愿意努力的人，不过我在当时认为，如果她不想做或是觉得做不到，一定会拒绝我的要求吧。实际上我也多次指出她的问题，请她重做了好几次，每次沟通都有些担心，结果她告诉我，因为能够在完全不同的环境中换一种思维方式来制作作品，让她能脱离重复工作的日子，反而提高了创作欲。

如果你觉得自己创作欲降低，那么首先请冷静地分析一下原因吧！

相信你一定能够靠自己找回平衡，恢复状态，开出冷静改变现状的"药方"。

推荐给手艺人缓解压力的"药方"

外出篇

·看电影

·逛美术馆

·到感兴趣的街道散步

·造访名品店

※ 尽量体验不同于以往的新鲜事物吧。

在家篇

·点精油蜡烛

·听音乐

·泡澡

·跟宠物玩耍

·好好睡一觉

※ 第 15 页提到的中岛友美女士说，为了避免用眼过度，尽量让自己有
   充足的睡眠，想办法把自己的身体调整到最佳状态是非常重要的。

课题 05

想不出新点子……
——寻找灵感的方法

　　今天要上传什么图片？要在社交平台上发布怎样的内容呢？烦恼要写什么内容的经历，我也有过。

　　这种时候，与其坐在桌子前紧盯电脑屏幕等待灵感从天而降，不妨暂时放下这一切，出门看看电影、逛逛美术馆、看看公园的树木、听听音乐什么的，其实更容易想出可以写的题材。

　　对从事创作工作的手艺人而言，不断接受新事物的"冲击"是能持续创作新作品、想出新点子的重要诱因。

　　记得一位手艺人跟我说过，她做新作品的灵感就得益于经常翻看杂志。

　　例如，在看时尚杂志时，她会关注服装的配色、板型以及纽扣、流苏、刺绣等细节，这样就可以从文创杂货之外的物品中得到原创灵感，对她的创作有很大帮助。

　　现在什么比较流行？是如何销售的？怎样的文案让人有眼前一亮的感觉？怎样的广告会让人停留？自己在购物或是在便利店结账时，就可以从身边的案例中得到灵感。

其实只要稍微改变一下自己的观点或看事物的角度，热销品、新作品的灵感往往无处不在。

"在大家都向右看的时候，我们就向左看吧！"这是我经常跟工作室的学生们说的话。平时经常听到"最近这个流行，所以我也试一下"或是"大家都在做，我也跟着做"等说法，但问题在于就算你"向右看齐"，这个领域或许已经饱和，或是你不确定自己能否在这些大家都做的东西中突出表现"品牌形象"。

而且，现在热销的商品还能持续热销多久也值得考虑，有时还会发生价格下降的现象。

如果大家一致向右，那么看向不同的方向，可能会发现下一波热销产品的灵感。我经常会以"现在这个很流行"为基础，去预测"接下来会如何变化"，我的公司之所以能维系 20 年，或许就是因为大家都看向右边的时候，我一直看向左边。

课题 06

别把顾客说的
"什么时候都可以"当真！
——如何处理投诉与纠纷

顾客方面常见的不满无外乎"没有按时发货"或是"擅自延迟发货时间"。

有些顾客能体谅你的繁忙，我想很多人就因为相信顾客说的那句"什么时候都可以"，从而优先处理别的事，最终造成严重逾期。

我自己也有跟手艺人下订单后，过了一年才收到的经历。对方并没有忘记，只是我没有预料到会等那么久，所以很后悔没有一开始跟对方说清楚希望最晚什么时候收到。

如果换位思考一下，你一定能理解顾客的心情。

交货期要和顾客一起商定，一旦决定好，就要严格遵守。

还有，遇到顾客说"你决定就好"也要小心。我听过一些类似案例，下单时没有任何要求的顾客，在交货确认时表示"其实我原本要那种感觉"或者"和想象的不一样"，在反复修改多次后最终取消订单。

另外，接单的时候，你和顾客要各持一份订单。

如果是私人定制品，则有必要告知整个定制流程：什么时候付款、最迟什么时候可以取消订单、最多可以修改几次等，这些都要记录清楚。

课题 07

如何处理常见的投诉与纠纷

实物与照片不一致！

如果是自身的原因，一定要马上道歉，并协助办理退货或退款。

如果是因显示器或智能手机画面显示造成色差而导致的纠纷，记得预先在商品销售页面注明"实物与照片可能存在色差"。

顾客不付款！

有可能顾客只是单纯忘记付款，也可能是对方下单后又犹豫要不要买。

首先请发送消息问问看，除了再次提醒付款期限以外，也要一并告知逾期支付的后果（订单会被取消，取消购买资格等）。

许多手艺人会对跟顾客反复沟通这件事感到犹豫，我建议事先将从付款到发货的流程拟定好，每当有订单，就将这个流程一起告知顾客，这样一来，需要和未付款的顾客沟通确认时，也会更顺畅。

　　虽然无法确定产品造成的损坏的原因，总之先要就"损坏"这个事实和带给顾客的不安道歉。然后为了确认损坏的程度，请顾客用到付的方式寄回。收到作品后，根据实际情况判断如何处理，并尽快给予顾客答复。如果可以修复就进行维修，如果无法修复，且明显属于制作方的责任时，要尽量配合顾客的退款意愿。

　　最近很多手艺人会准备"提示卡"（使用说明及不当使用相关的注意事项）。请参考市售商品，列出自己作品的使用说明及需要注意的事项，在发货时附在包装中，发给顾客。如果能再准备一个产品质量保证书，会让顾客在购买时更安心。

提示卡范例

· 洗涤时请手洗，勿与其他衣物混洗。

· 遇水可能会出现褪色、染色现象。

· 使用时务必小心，粗暴使用可能造成损坏。

· 请小心保管，避免儿童或宠物误食。

· 本商品使用的材料纤细易损，请小心。

这些提示的目的在于，事先提醒顾客注意，基于商品特性或技术上的局限，可能对顾客造成的不利情形。

课题 08

弹性处理
新的设计灵感

在某一年举办的设计嘉年华上，我看到了一个令我印象深刻、至今都无法忘怀的看板，那块看板上写着"男人的橡皮章"。

现场有很多橡皮章手艺人参展，但这个引人注目的看板让我忍不住停下来和摊主攀谈。这就是我与上谷夫妇的邂逅，先生上谷祐树制作橡皮章作品，太太上谷千寻制作羊毛毡作品。

他们参加展会有一个非常简单的理由："我们之前去春季设计节时，发现摆摊的摊主们看起来都非常开心！"于是，祐树先生用妻子闲置的橡皮章工具设计出"男人君"这个角色，并制作了成套的信封、信纸和贴纸。那时"男人君"的销售额只有 2000 日元左右，但他们觉得设计嘉年华很好玩，之后也一直参展。

祐树先生原本是化妆品公司的研究员，他将身边的各种实验器材设计成角色，"烧杯君"由此诞生。在后来名古屋举办的创意市集上，他们将"男人君"和"烧杯君"两个系列同时销售，结果大家更喜欢"烧杯君"，创下了他们参加设计嘉年华以来的最高销售纪录。

一开始，烧杯君只有 9 个角色，每次参加活动，祐树先生会设计 10 ~ 20 个新角色，现在烧杯君的伙伴们已经多达 130 个了。

这是文具和玩具制造商无法效仿的做法（毕竟不是主流大众接受的主题），烧杯君这样的小众角色，在手工活动中广受欢迎。它们超旺的人气引来出版社的邀约，出版了《烧杯君和他的伙伴们》这本书，次年 4 月出版了以烧杯君为主角的绘本《烧杯君和放学后的理科教室》。

出版的两本书

现在，"烧杯君和他的伙伴们"相关周边产品涵盖了笔记本、胶带、贴纸等一系列商品。不仅如此，祐树先生的工作内容还加入了插画这一项，现在"烧杯君和他的伙伴们"成为他的主要经济来源。

"喜欢"和"开心"是维持工作动机的重要因素，但如果过分拘泥于自己的"喜欢"，则可能断送新的可能性。

就算现在的经营并不是十分顺利，或是擅长的领域竞争激烈，如果可以弹性地尝试挑战新领域，或许你也可以像上谷夫妇一样，创造出独一无二的热销新商品。

如果你觉得"这个新的设计会更好"，不妨弹性调整，改变自己的品牌，挑战品牌重塑。

作品在手工展上陈列的状态

课题

09

为了扩张一定要建立团队！

当手工制品开始畅销，你的烦恼就会变成"来不及制作"，如果还要连续参加市集，就会出现"没有时间备货"，陷入无法创造销售额的状态。

这时该怎么办呢？

经营包包杂货品牌 *PUKU* 的森祐子女士，她使用印刷画册的方式，将提前画好的铜版画转印到布上，由此来制作包包和杂货。她表示，自己随时都有工作邀约，但是在最初一个人打拼的时候根本就无法制作出足够数量的作品，于是从那时起便开始思考对策。

她最早是拜托不太擅长针线活的母亲帮忙，但是从早做到晚也没什么进度，她当时恰好准备参加一个大型活动，所以开始认真寻找正式的合作伙伴。

她那时抱着"多少可以轻松一点"的心态，曾拜托手巧的亲戚朋友，但因为是熟人，反而有些问题不好意思直说，结果最后还是得自己想办法修正作品。

即便如此，她还是觉得"总比一个人做强"，结果才几个月，这条路就行不通了。

后来，通过熟人介绍，她认识了一位 70 多岁擅长缝纫的老太太，又有中学同学介绍了有手工经验的朋友，加上缝纫机店介绍来的擅长使用缝纫机的人，就这样组成了一个团队。

现在祐子女士可以毫无顾虑地指出问题，和大家进行沟通。

她说："回顾当初不顺利的原因，我觉得在于我的指示不够明确。"现在她会准备好附照片的说明单，请对方来工作室，一边实际操作一边口头说明该注意的地方。之后一定会让对方做一个成品，检查后确定没有问题了，才会量产。

为了下达准确的指示，必须准备充分，虽然偶尔也觉得有些麻烦，但她仍笑着跟我说："自己没动手，却也能拿到满意的成品，很感动。"

我想大部分手艺人，都会从亲手制作中获得喜悦感。但是，经营一个品牌的工作内容不只是制作而已，拍照、更新社交平台、发货，全都亲力亲为是很辛苦的。

祐子女士通过建立工作团队，增加出货量，顺利创下了个人展览销售额的新高。

有助手帮忙，或是将一部分工作外包，原本总是被工作追着跑的心情，也会变得轻松起来。

＊PUKU＊森祐子女士的作品

───〈 重点 〉───

工作外包的时候，需要准备合同和备忘录

就算没有合同，也还是可以将工作外包，不过一旦出现对方无法按时交货，或是延期付款的话，就无法保持长久的友好合作关系。

所以，建议把"工作"上需要遵守的规则和注意事项事先拟好合同，双方达成一致。合同或许会给人严肃的感觉，其实只要将彼此需要遵守的事项用条款的方式列出来，双方签名，各执一份，这样就够了。

合同、备忘录中的必备条款！

· 日期

· 合同双方

· 作品的种类、定价、数量

· 交货时间、方式

· 付款时间

· 交通费、运费、付款手续费由谁承担？

· 如果发生返修，维修费和材料费由谁承担？

当你是委托人时，诸如制作技术、材料费等有些信息，可能不希望被公开，那么这些需要保密的事项也请写在合同中。

课题 10

注册商标是抵制侵权的重要手段

因为结婚生子而逐渐淡出手工圈的德田洋美女士，与儿时玩伴下口裕子女士意外重逢，两个人讨论有没有可以一起做的事情，最终促成了布制观叶植物品牌 Fabric Plants 的诞生。

两人都有养死观叶植物的经历，以"做出不会枯萎的植物"为出发点进行尝试，后来觉得成品实在太可爱了，抱着"想让更多人知道，我们来卖卖看吧"的想法，开始了名为"创作园艺课®"的活动。

与其说是"手工制品"，她们更想表现的是"艺术品"的概念，只是使用的是市售现成的原材料，她们十分担心被别人模仿，对此可能造成的价格下跌感到担忧。后来随着在百货商场销售的机会增多，她们决定向律师咨询制作方法的专利申请。不过，因为"发明"是取得专利的先决条件，而"手工制作方法"很难被认定为一种发明。于是律师建议她们用"创作园艺课®"这个品牌名称注册商标，后来也取得了"创作园艺课®"的商标专用权。注册商标后，她们不仅可以保护自己重要的作品，也带来了社会信用，开始得到一些企业的关注。她们开拓新的销售渠道、制作大型作品、拓展活动范围，举办工作坊或销售布制植物制作套包等。

什么是商标?

商标是指标示"由谁制作"和"由谁提供"的标志®。注册商标后,可以将自己的商品和别人制作的相似商品区分开来,能将商品"由谁制作"的出处和品质保证传达给顾客。

注册商标的好处

□获得社会信用
□证明原创
□防止他人模仿,安心创立品牌

如何注册商标?

向有关部门提出注册商标的申请,满足申请条件并通过审查后,登记注册,就会产生商标专用权。(译者注:国内向工商行政管理局提交申请。)

申请注册商标,可以自助办理,也可以委托专利事务所、专利代理人这些专业机构及人员代办。不过,在注册商标之前,申请时要申请印花税,注册时要注册印花税,如果是委托代办,还需要加上调查费和代办费(每家事务所费用都不同)。

最近手工品牌数量众多，我经常见到不同的手艺人在同一个类别中恰巧取了一样的品牌名。投入许多感情取的品牌名，结果和别人撞名，这种情况大家都想尽可能避免吧。

万一真的撞名，并不是谁先使用谁就有使用权。而是已经将品牌名去注册商标的人才有使用权，也就是说，你辛苦孕育出的品牌名，如果有其他人当作商标去进行注册，很可能你某一天突然就无法继续使用了。

今后，如果你想拓展活动范围或提高知名度，希望继续使用当前的品牌名的话，最好慎重考虑是否要取得商标专用权。毕竟在活动大范围开展的进攻期，防守也很重要！

創作園藝課
sousakuengeika ®

LOGO 上有显示注册商标的 ® 标志

手 工 制 作

章节

5

解答手艺人的苦恼

我在杂货工作室®里被问到的一些手艺人常见的苦恼，曾在社交平台和电子刊物中给过解答，现在将部分解答整理在本章中。

何时是涨价的最好时机？维持每月稳定销售额的必要条件是什么？

内容基本上都是身为手艺人曾苦恼过的困惑和疑问，大家可以当作前四个章节的复习，将文中的主角替代成自己思考看看。

01

怎样抓住时机适时涨价？

关于如何涨价，本书在前面章节介绍了两位手艺人的案例。

一位是 TABA 品牌的井泽女士，她的作品有一定的知名度，一发售马上就售空，她认识到"要想长期以手工维生，最好提升价格"，于是毅然决定涨价。

另一位是 Ne-gi 品牌的高桥之子女士，是重新审视商品构成，确定出"最想卖的作品"的价格区间，搭配更高价格区间的商品，一边提高整体价值，一边抬高售价。

你可以在品牌有一定知名度，回头客增加，考虑长期经营手工品牌的时候，选择公开告知顾客，将要进行涨价。请说明涨价理由，以及涨价后对顾客的品质承诺。

【涨价理由范例】
过去我们以○○元进行销售，但为了强化顾客更注重的△△（具体的词句），以更严选的材料和技术做出更令您满意的作品，因此决定上调价格。

【对顾客的承诺范例】

我会做出比以往更令人满意的作品，今后也请各位多多支持。

也有很多手艺人是像高桥之子女士那样，不特意告知，而是逐渐追加高价商品，改变商品构成，提升包装和礼品的整体价值，来实现涨价。

如果采用这种方法，则不用考虑什么时机比较好，随时都可以调整价格。

建议你重新审视当前的商品构成，除了准备主要销售的商品外，还要准备稍微价高一点的商品，再慢慢将价格调高，逐渐实现涨价。

其实很多时候定价太低，顾客购买反而有顾虑，请你再次利用本书研究一下，在建立"品牌形象"的基础上，重新调整价格。

不过要有心理准备的是，无论哪种方式的涨价，势必带来一定的顾客流失。特别是当顾客是你的朋友时，还可能影响到彼此的友谊。

即便如此，还是请你带着自己的品牌将要迈入新阶段的觉悟，期待与新顾客的邂逅吧！

如果因为顾客流失，就决定降价，或是把作品品质下调，会降低你的品牌价值。涨价的时机固然重要，但更重要的或许是"涨价也要继续坚持下去"的决心。

02

呕心沥血完成的作品，
在参展时被顾客质疑价格过高，
影响销量怎么办？

我曾在名古屋百货商场做过一项调查。

有些手艺人制作的饰品或布艺小物，在百货商场也会进行销售。那么，如何展示高价位的商品？传达怎样的信息给顾客？用了怎样的礼品？包装是怎样的？

这些信息非常有参考价值，希望各位手艺人可以亲自去体验一下。

因为归根结底，会被顾客认为价格高，就从侧面说明作品的价值没有准确传达给顾客。我们必须让顾客看到"它是高价的商品"。

比方说，你在制作过程中哪些地方是特别讲究的？如果选材上乘，就要将这一点传达出去；如果制作工序复杂，请务必将"做一个会花费这么多道工序，要花这么多个小时"清楚地传达出去。

你倾注了多少心血在这个作品中，也请完整地告诉对方。

本来交易就是"价值和金钱的交换"。因为价值没有传达给对方，导致作品卖不出去的状况比比皆是。

如果上面几点都做到了，还是有很多人嫌贵，那么你最好考虑一下：参加活动的人是否是认同你价值的人？

　　检查销售渠道是否正确也是很重要的。

　　我曾经遇到过一位饰品做得非常精美的手艺人，总是在烦恼"东西卖不出去"，但实际上价格已经比我想象的低很多了，于是我问她都是在哪里销售的，她回答是在大学城的格子铺里。这也难怪，四五十岁有工作的女性感觉便宜的价格，对于学生而言是很昂贵的，那里也没有符合品牌目标的客户群。这些才是饰品卖不出去的原因。

　　同样的品牌，在某些地方卖得好，在某些地方可能很难卖出去。

　　只要在符合品牌目标的地方销售，就不会被顾客嫌贵，反而会觉得价格便宜。

　　展示方式、传达的信息、销售场所，请重新审视这三点。

03 ‖ 常有朋友拜托我做东西送他，以后是不是拒绝比较好？

应该很多人在成为全职手艺人之前，都有把作品免费送给朋友的经历。

很多人以此为契机开始成为手艺人，后来在委托销售和活动中积累了一定的销售额，不过隔三岔五还是有朋友拜托你"免费帮忙做一个"，或是希望你提供超低的友情价。

也有一些情况是朋友依然会花钱买，然而一遇到涨价就不愿意买或是取消订单。想想以前是免费送给别人，现在却要谈钱，难免有些尴尬。

但是如果你要成为全职手艺人的话，这是一个必须跨过去的坎。

作为工作，就要划清"是朋友所以免费"的界线。

如果不会给自己增加负担，那么送朋友也没关系，但是有些手艺人，与其说"不想免费送"，不如说"讨厌'免费'被视作'廉价'"。

真正支持我们的朋友会问："这么便宜没问题吗？"相反，坚持想要"免费"的人，感受到的价值也只有"免费"这一点，并不是真正在支持我们。

我自己也经常拜托认识的手艺人帮忙做东西。身为同行，我会先请对方开好价再购买。虽然我也会因价格便宜而开心，但是真心支持对方的话，会希望这位手艺人能收下与作品价值相符的报酬。

想摆脱"免费"手艺人的行列，需要注意以下五点：

①为了让对方知道你从事的手工价值所在，请让他们看到你博客或宣传单上的标价。

②请养成习惯，遇到朋友叫你做东西，就微笑着说："那我估个价给你。"或是询问："你的预算大概是多少呢？"

③下定决心必须跨过这个坎。

④那些坚持想要"免费"的人，不会成为支持你的顾客。

⑤提升技术，努力提高作为手艺人的价值。

收费绝不是坏事。如果你对此抱有罪恶感，那是因为把自己的价值看得太低了。

想想那些能感受到你作品价值而购买的顾客，调整一下自己的思维吧。

04 | 每月销售额不稳定，该如何维持稳定呢？

为每月销售额不稳定感到苦恼的人，请试着从以下三个方面来考虑。

1. 目标设定是否合理

一天中花在做手工上的时间大概有多少？其中经营社交平台的时间和制作时间是怎样分配的？

以一周为单位，检视自己的时间，就能估算出自己能做的作品数量。在此基础上，如果将这个数量的作品全部卖出，能得到多少销售额？请确认这个销售额是否是可以达到的目标。

如果可行，就要请你做好时间管理，做出相应数量的作品。

2. 考虑年销售额

如果一个月花在手工上的时间很少，那么不妨以一年为单位来设定目标，如果可以分为制作月和销售月，也不失为一个好办法。

杂货工作室®的学生中，也有人计划在旺季达到销售额翻番，因此控制前后一个月的制作情况，像很多人不想错过旺季月份，会在两三个月前制订计划，做好充分的准备。

除了制作方面，社交平台的宣传也要有周密计划。

不管是以周还是以年为单位都可以，请大家选择适合自己的方式来开展活动。

3. 保持坚强的意志

有些人几乎就要达成目标了，却在一步之遥的地方放弃，然后自我安慰说："总有一天会做到的。"

如果对"达成目标销售额"的意志不坚定，就会在各种环节偷懒。"都已经卖了这么多了，这个月应该可以了吧！"我见过很多人这样告诉自己，然后在达成目标前停下脚步。为了克服意志薄弱的问题，专注于"一定要达到目标"是很重要的。

在我指导的学生中，有人每两个月才能有一次达到目标，理由她自己也很清楚，就是对达成目标的意志力不坚定，于是她开始认真制订每月达到销售额目标的更具体的策略，结果以往两个月才能达到一次的目标，现在每个月都能达到了。

有一次在距离月末只有两天的时候她告诉我，距离月销售额的目标还差几千日元，我问她："卖什么可以达到目标呢？"她马上确认库存和价格，在网络上向顾客宣传，结果不出所料，她顺利完成该月的销售任务。认真去体会那种只差几千日元，结果却没能完成目标的不甘心的感觉，实际上是非常重要的。

05

我自己会举办一些小型活动，但是无法招揽到很多顾客，如何才能成功举办活动呢？

　　我也曾为杂货工作室®的学生们举办过小型活动。这里和大家说说举办活动时的要点。

　　要把小型活动举办成功，需要下列五个条件：

①举办地点要方便
②靠自己招揽顾客
③不要只准备容易制作的作品，也要准备"价高也想要"的作品
④重视日常的人际互动
⑤与顾客一起感受快乐的氛围

①举办地点要方便

　　既然是花钱租场地，那就一定要选择交通方便的地方。

　　如果要约朋友参加，一定要选择离地铁站近的地方。是否方便停车也是场地选择的重要考量，这样有的顾客甚至愿意多去几次。

②靠自己招揽顾客

虽然主办方也会发布消息招揽顾客，不过说实话，还是自己来做宣传效果最好。

亲自发宣传单，在社交平台上积极宣传，就算很忙也在活动中坚持更新平台内容，招揽顾客的工作自己要做到最后一步。

③不要只准备容易制作的作品，也要准备"价高也想要"的作品

想要有一定的销售额，高价商品是一定要准备的。活动前的准备阶段，大作品的制作比较花费时间，如果没有计划，很容易拖到最后只做了一些简单的小东西。在我的经验里，最后真正能感动顾客的，往往是在平日里很难买到的精致的高价商品。

因为活动也算是一种庆典，在庆典、纪念日的时候，高价商品比较容易卖出，所以除了为新顾客准备易于入手的作品，同时也要准备高价的商品，两者兼顾是非常必要的。

④重视日常的人际互动

在我举办展会时体会到一件事，平时积极参加其他手艺人展会的人，比较容易邀请到人来参加自己的活动。

这就是所谓的礼尚往来，平时多参加活动，与人互动是很重要的。

⑤与顾客一起感受快乐的氛围

不是以买卖双方的身份，而是以彼此是伙伴一起参加活动同乐的感觉来回应顾客。其中一个方式，就是与顾客拍摄合照。

在活动现场，邀请顾客一起拍合照，可能需要一些勇气。

但实际上，很多人都非常希望与喜欢的手艺人合照。而进行了拍照的互动后，拉近了与顾客之间的距离，买东西的人反而变多了。

手艺人主动征得顾客的同意，与他们拍合照，并发布在社交平台上，顾客对此也会感到开心。

实际上，那些通过一次次活动积累越来越多顾客的人，很多都是重视与顾客拍合照的人。

其他顾客看到之后也会想要拍合照，而照片被发布在社交平台上的顾客也会收获很多人的关注，并对此感到开心。

我自己在活动中会尽可能邀请顾客一起拍合照，会场内也会专门开放便于大家自由拍照的场所。

再加上社交平台的宣传，我的活动每天都非常热闹！

成功举办活动的秘诀在于"你准备到什么程度"，以及在活动过程中"你能让顾客参与到什么程度"，请牢记这两点。

后记

我曾经担任文创杂货店的策划兼采购员，然而不管积累了再多的经验，对自己的眼光多么有自信，对于进的货能不能顺利卖出（特别是全新风格的商品），还是会很担心。有一位店长不知道是不是看穿了我的心思，总是这样安抚我："松户女士，这么可爱的东西怎么可能会卖不出去呢？"

也就是说，如果这个商品这么可爱都卖不出去，一定是因为对顾客的宣传方式、展示方式或者接待态度有问题。这位店长同时也表示："去做这些努力是我们的工作。"

从事手工品牌策划的工作直至今日，我也经常会想起这句话。

东西卖不出去，意味着不能只依赖作品本身的魅力、照片、社交平台等，还需要考虑销售、沟通和呈现方式。对于销售感觉到不安和苦恼的你，为了振奋精神，我希望你可以这样对自己说："这么可爱的东西怎么可能会卖不出去！"

本书能顺利出版，离不开一年来，日本同文馆出版社的编辑竹并治子女士的帮助，从策划选题到内容确认，她一直陪伴、鼓励我。我同时要感谢的是协助我采访、为我提供素材的那些优秀手工品牌的手艺人们。

如果这本书能助力各位读者迈向新台阶，那会是我最高兴的事了。

松户明美

原文书名：高くても売れる！ハンドメイド作家 ブランド作りの教科書
原作者名：松戸明美
TAKAKUTEMOURERU! HANDMADE SAKKA BRAND DUKURI NO KYOKASHO
by Akemi Matsudo
Copyright © Akemi Matsudo, 2017
All rights reserved.
Original Japanese edition published by DOBUNKAN SHUPPAN, CO., LTD.
Simplified Chinese translation copyright © 2022 by China Textile & Apparel Press
This Simplified Chinese edition published by arrangement with DOBUNKAN SHUPPAN,
CO., LTD., Tokyo, through HonnoKizuna, Inc., Tokyo, and Shinwon Agency Co. Beijing
Representative Office, Beijing
本书中文简体版经日本同文馆授权，由中国纺织出版社有限公司独家出版发行。
本书内容未经出版者书面许可，不得以任何方式或任何手段复制、转载或刊登。

著作权合同登记号：图字：01-2019-7927

图书在版编目（CIP）数据

再贵也有人买！我的手作品牌经营初体验／（日）松户明美著；宋菲娅译. -- 北京：中国纺织出版社有限公司，2022.4（2023.12重印）

ISBN 978-7-5180-7987-2

Ⅰ. ①再… Ⅱ. ①松… ②宋… Ⅲ. ①手工艺品—专业商店—商业经营—案例 Ⅳ. ①F717.5

中国版本图书馆CIP数据核字（2020）第196997号

责任编辑：刘 茸　责任校对：楼旭红
责任印制：王艳丽　责任设计：培捷文化
中国纺织出版社有限公司出版发行
地址：北京市朝阳区百子湾东里A407号楼　邮政编码：100124
销售电话：010—67004422　传真：010—87155801
http://www.c-textilep.com
官方微博http://weibo.com/2119887771
北京华联印刷有限公司印刷　各地新华书店经销
2022年4月第1版　2023年12月第3次印刷
开本：889×1194　1/32　印张：5.75
字数：143千字　定价：68.00元